Weniger Verbote! Mehr Genuss!

David Signer

Weniger Verbote!
Mehr Genuss!

Ein Aufruf
gegen die Entmündigung

HAFFMANS & TOLKEMITT

Deutsche Erstausgabe

1. Auflage, März 2013

Copyright © 2013 Verlage Haffmans & Tolkemitt;
Inselstraße 12, D-10179 Berlin
www.haffmans-tolkemitt.de

Lektorat von Katharina Theml, Büro Z, Wiesbaden.
Cover von Frances Uckermann.
Gestaltung, Satz & Produktion von Urs Jakob,
Werkstatt im Grünen Winkel, CH-8400 Winterthur.
Druck & Bindung: Memminger MedienCentrum.
Printed in Germany.

ISBN 978-3-942989-35-0

Inhalt

Alles, was Spaß macht, wird problematisiert

*V*or lauter Sorge um Gesundheit, Sicherheit und Rücksicht haben wir vergessen, worauf es im Leben eigentlich ankommt. Der Eifer der Politiker, uns vor uns selbst zu schützen, macht uns zunehmend zu Kindern. Doch Erwachsene wissen, dass Genuss und Intensität nun mal oft mit Risiken verbunden sind.

Wir nehmen gerne an, kaum eine andere Epoche und Gesellschaft könne es in puncto Freiheit, individueller Entfaltung und Hedonismus mit der unseren aufnehmen. Aber wenn wir uns ältere Filme anschauen oder in andere Länder reisen und dann in die real existierende Heimat des Jahres 2013 zurückkehren, beschleichen uns manchmal Zweifel. Leben wir nicht in einer immer eingeschränkteren und lustfeindlicheren Welt? Tabak, Alkohol und andere Drogen erscheinen zunehmend nur noch in einem problematischen, gesundheitsschädlichen oder psychopathologischen Kontext; Sexualität hat rasch den Ruch von Belästigung, Missbrauch oder Ausbeutung; Fleisch und Fisch zu essen gilt als mörderisch, selbstmörderisch oder beides zugleich; Fliegen und Autofahren sind unökologisch; wer zweimal zu schnell gefahren ist, wird als Raser, ja potenzieller Mörder gebrandmarkt und mit horrenden Bußen bestraft; Tourismus zerstört fremde Kulturen; Partys, laute Musik und sogar Kinder werden zunehmend unter der Kategorie »Lärmemission«, Ruhestörung und Erregung öffentlichen Ärgernisses wahrgenommen; ist ein Junge oder ein Mädchen in der Schule besonders lebhaft, wird es zwar nicht mehr mit der Rute gezüchtigt, aber in die psychologische Abklärung geschickt und mit Ritalin abgefüllt; wer im Garten oder auf dem Balkon grillt, ist eine Zumutung; wer in der Tram laut telefoniert ein Egoist. Diese Mimosenmentalität führt dazu, dass wir, wie der slowenische Philosoph Slavoj Žižek sagt, Rahm heute vorzugsweise ohne Fett, Cola ohne Kalorien, Bier ohne Alkohol, Kaffee ohne Koffein und Sex ohne realen Körper serviert bekommen. Und wenn wir schon mal zu einer richtigen Zigarette mit Nikotin greifen, kommen wir nicht am Anblick von zerstörten Lungen, Fixerspritzen und toten Föten herum.

Aber was ist mit der allgemeinen Sexualisierung und »Hedonisierung« der Werbung, der Medien, des Internets, der Öffentlichkeit überhaupt? Deutet nicht alles auf eine besonders freizügige und genussfreudige Welt? Das Gegenteil ist der Fall. So wie medial hochgespielte Drogenopfer à la Amy Winehouse oder Charlie Sheen kaum als Symbolfiguren für Lebensgenuss taugen, der öffentlich als »Sexsüchtiger« vorgeführte Tiger Woods kaum als Playboy alter Schule, so wenig dienen die Sexsites mit ihren Gangbangs, Vergewaltigungen und SM-Inszenierungen als Inspiration für einen freien Umgang mit Erotik. Das Grelle, Krasse, Extreme herrscht vor, alles Selbstverständliche ist diesen Inszenierungen fremd. Implizit geht es um Abschreckung: »Seht, wohin Alkohol, Drogen, Seitensprünge und unkontrollierter Sex führen können.« Die Lektion lautet: Wehret den Anfängen, hinterfragt schon die scheinbar harmlosen Vergnügungen. Alles muss problematisiert werden. Problematisiert! Man müsste mal das Wort »problematisieren« problematisieren.

Kürzlich wurde »SpongeBob« problematisiert. Amerikanische Forscher fanden heraus, dass bereits ein neunminütiger Konsum der beliebten Zeichentrickserie Kinder dumm, unruhig und aggressiv mache. Vierjährige schauten sich Schwammkopf ein paar Minuten an und konnten dann angeblich bereits nicht mehr richtig lernen. Natürlich sollte man Kleinkinder nicht stundenlang vor den Fernseher setzen, aber bei solchen »Studien« sind es die Erwachsenen, die für dumm verkauft werden.

Im Rahmen der generellen Problematisierung des Essens wurde in Dänemark vor zwei Jahren eine Fettsteuer eingeführt. Sechzehn Kronen, also etwa zwei Euro pro Kilo, um genau zu sein. Es handelte sich dabei natürlich um eine pädagogische Maßnahme: Die Dänen sollen weniger böses Fett essen. Die Konsumenten reagierten allerdings vorerst einmal ungesund: Es kam zu gigantischen Hamsterkäufen. Und die Produzenten sprechen von einem bürokratischen Alptraum. Denn sie müssen nicht nur das Fett in den jeweiligen Lebensmitteln bestimmen, sondern auch beispielsweise das bei der Zubereitung benutzte Frittieröl. Das Lustige ist, dass selbst die Fachleute nicht ernstlich davon ausgehen, dass eine solche Strafmaßnahme das Ernährungsverhalten ändert. »Wenn die Leute einen Kuchen kaufen wollen, dann kaufen sie ihn«, lautet der Tenor. Selbst der Steuerminister ist inzwischen etwas ratlos geworden; das Gesetz geht in Revision.

Das Erstaunliche an der um sich greifenden gouvernantenhaften Hysterie ist ihre Akzeptanz. Wir sprechen hier schließlich von demokratischen Staaten. Große Teile der Bevölkerung fordern sogar immer noch mehr Repression und wachen grimmig darüber, dass sich auch jeder duckt. Was ist bloß los mit uns? Was als Schutz des Lebens daherkommt, entwickelt immer mehr lebensfeindliche Züge. Wie heißt es so schön bei Erich Kästner: »Seien wir ehrlich, leben ist immer lebensgefährlich.« Wer alles retten und absichern will, verliert am Ende alles.

Viel trinken ist wichtig

$\mathcal{D}$ass sich diese zunehmenden Restriktionen so leicht durchsetzen lassen, hat auf politischer Ebene wohl mit einer Allianz zwischen bürgerlich-konservativ-biederen und staatsgläubigen, normierungsfreudigen rot-grünen Kräften zu tun. Typisch ist im Moment zum Beispiel der schweizerische Trend, nach dem flächendeckenden Rauchverbot auch Alkoholkonsum-Verbote auf öffentlichen Plätzen einzurichten. Ebenso typisch und in seinem Moralismus fast schon komisch wirkt der diesbezügliche Kommentar des Basler Soziologieprofessors Ueli Mäder, der nach der Feststellung, der Alkohol betäube die Gesellschaft, konstatiert: »Wenn wir in Europa ein Viertel weniger Alkohol konsumieren, ließen sich damit in der ganzen Welt die Grundbedürfnisse befriedigen.«

Der Verbotsfeldzug geht oft einher mit der Klage, wir lebten in einer Suchtgesellschaft. Nicht nur der Alkohol- und Tabakgenuss wird solcherart pathologisiert, sondern auch Fernsehen, Games, Sex, ja sogar Zucker, Salz und Fett, also alles, was schmeckt oder Spaß macht. »Droge Zucker – die gefährliche Sucht nach Süßem« titelte jüngst *Der Spiegel*, mit einem Bild, das stark an Kokain oder Heroin erinnerte.

Kürzlich erschien in der Schweiz wieder einmal eine aufwendige Studie, durchgeführt vom »Suchtmonitoring Schweiz« und in Auftrag gegeben vom Schweizerischen Bundesamt für Gesundheit. Zwanzig Prozent der Schweizer Bevölkerung trinken zu oft oder regelmäßig viel Alkohol, lautete das Fazit. Während bei den Älteren eher das chronische Trinken ein Problem darstelle, dominiere bei den Jugendlichen das Rauschtrinken. Das Trinkverhalten der Jungen wird in der Studie dann noch detaillierter untersucht. Resultat: 26 Prozent der Fünfzehn- bis Neunzehnjährigen sowie 39 Prozent der Zwanzig- bis Vierundzwanzigjährigen trinken sich mindestens einmal im Monat einen Rausch an. Die Medien nahmen die Ergebnisse der Studie dankbar zur Kenntnis, und überall waren Schlagzeilen zu lesen im Stil von »Jeder fünfte Schweizer trinkt zu viel« und »Jugendliche saufen immer mehr«. Selbstverständlich ist der Tenor in Deutschland genau gleich. Auch hier »trinkt jeder fünfte Deutsche zu viel Alkohol«, wie kürzlich *Zeit online* titelte.

Die Schweizer Studie breitet auf fast fünfhundert Seiten mit vielen komplizierten Formeln und Diagrammen ihre Erkenntnis aus, dass zu viel getrunken werde. Eine sehr einfache und doch wichtige Information wird jedoch nicht erwähnt: In den letzten Jahren ist die Tendenz bei Alkohol, Cannabis und Tabak rückläufig, sowohl bei den Erwachsenen als auch bei den Jugendlichen. Und auf lange Sicht gesehen ist der Trend frappant: Vor hundert Jahren tranken die Schweizer doppelt so viel wie heute. Um genau zu sein, tranken sie 1900, auf reinen Alkohol umgerechnet, siebzehn Liter. Heute sind es noch 8,5 Liter. Schaut man sich die Trinkgewohnheiten also in einem größeren historischen Kontext an, relativieren sich die alarmierenden Meldungen massiv. Damals waren Gepflogenheiten alltäglich, die wir heute pathologisieren würden: Ein »Kaffee Schnaps« am Morgen und ein Bier in der ersten Vormittagspause waren weit verbreitet, und einem kleinen Kind Rotwein zu geben oder etwas Schnaps in die Milch zu mischen, damit es besser schläft, war nichts Besonderes.

Geht man noch weiter zurück, ist Trunkenheit mehr oder weniger der Normalfall. Das hatte auch damit zu tun, dass Wasser in den wenigsten Fällen sauber war. Alkohol galt als sicherer und gesünder. Der Historiker Peter Richter schreibt im Buch *Über das Trinken*, man müsse sich das Abendland bis ins 18. Jahrhundert als durchgängig und flächendeckend beschwipst vorstellen: »Vom Kind bis zum Greis und von den Bauern bis zu den Baronen. Von denen, die sich damit die körperliche Arbeit erträglich machten, bis zu denen, die wenig anderes zu tun hatten.«

Kopfklarheit als Ideal komme erst mit dem Bürgertum auf, mit dem »Dasein zwischen Rechnungsbüchern«; Nüchternheit im Sinne unserer Verkehrsbehörden sei eine Erfindung der Moderne. »Davor gab es ganz offenbar, wenn überhaupt, nur einen Unterschied: den zwischen angetrunken und sturzbetrunken.«

Oft war Trinken nicht nur erlaubt, sondern vorgeschrieben. Vor allem beim »Zutrinken«, wie das rituelle Saufen damals genannt wurde und ohne das keine Vereinbarung besiegelt wurde. (Geschäftsleute können heute in Osteuropa oder Russland noch eine Ahnung von solchen Gepflogenheiten bekommen.) Richter erwähnt einen Nürnberger Patrizier, der sich im 16. Jahrhundert durch den Papst von diesem Trinkzwang befreien ließ. Die Tatsache, dass man heute noch von ihm weiß, zeigt, was für ein Kuriosum er darstellte.

Wer sagt, Saufen mache primitiv und kulturlos, sollte sich daran erinnern, dass Alkohol ein Kulturgut ist, und zwar ein menschheitsgeschichtlich Zentrales. In der ältesten Dichtung, dem fast fünftausend Jahre alten sumerischen Gilgamesch-Epos, trinkt Enkidu Bier. Das ist das Fanal zu seiner Menschwerdung, denn Tiere trinken schließlich kein Bier. Er beginnt zu singen, lässt sich Fell und Bart abrasieren, ölt sich ein und bekleidet sich. Historiker haben berechnet, dass die Sumerer mehr als ein Drittel ihrer Getreideproduktion fürs Bierbrauen verwendeten. Es diente sogar als Geld und Salär: Priester erhielten täglich fünf Liter Bier, normale Tempelangestellte einen. Im Alten Ägypten tranken sich Pharaonen und Priester an Festtagen systematisch in die Bewusstlosigkeit: Der Fall ins Koma galt als heiliger Akt. Auch die alten Griechen betrachteten den Vollrausch als Pforte zu höheren Sphären, und der Weingott Dionysos trug nicht umsonst den Beinamen »der Löser«: Sowohl die Feiern zu seinen Ehren wie auch die Symposien genannten philosophischen Trinkgelage sollten von der Erdenschwere befreien und einen ekstatischen Vorgeschmack auf die »andere Welt« bieten. Die orgiastischen Riten, die Dionysos zu Ehren gefeiert wurden, lassen das Oktoberfest wie einen Kindergeburtstag erscheinen. Selbst die Ermahnungen Platos, Richter sollten im Gericht nicht trinken, und der Rat Aristoteles', den Säuglingen keinen Wein zu geben, klingen nicht gerade nach fanatischen Abstinenzlern. Die Römer, die aus den dionysischen Riten schließlich das Bacchanal machten, versetzten den Wein gerne mit psychedelischen Pilzen und Tollkirsche, um die Enthemmung noch ein bisschen weiter zu treiben. Hat die Eucharistie historische Wurzeln im Bacchanal, wie manche Historiker behaupten? Es ist auf jeden Fall, unter anderem, auch ein Ritus um das geheimnisvolle Wunder des Alkohols.

Es waren die Germanen, die militärischen Drill ins Bechern brachten und den kollektiven Met-

Trinkzwang einführten. Wichtige Beschlüsse wurden bei ihnen prinzipiell nur im kollektiv-berauschten Zustand gefällt. Auch im mittelalterlichen Deutschland herrschte die Sitte, dass ein offeriertes Getränk nicht abgelehnt werden durfte, selbst wenn es sich um das zwanzigste Maß Bier handelte; alles andere galt als unmännlich. Nicht umsonst sprach man von »Kampftrinken«, eine Art Duell ohne Waffen. Grimmelshausen berichtet, wie beim Zechen oft »der Angstschweiß ausbrach – doch es musste gesoffen sein«. Wie man sieht, ist das heute so oft problematisierte und als dekadent etikettierte Komasaufen alter Wein in neuen Schläuchen.

Der Adel trank exzessiv, die Studenten, die Bauern, die Handwerker, der Klerus, Männer wie Frauen – aus Sicht des Bundesamtes für Gesundheit waren praktisch alle süchtig und krank. Im Adel galt lange nur als ganzer Mann, wer viel vertrug. Nicht umsonst gab es die Redewendung »betrunken wie ein Lord«. Im 16. Jahrhundert wurde es unter Aristokraten üblich, Vereinigungen zu gründen, die Mäßigkeit propagierten. Der bekannteste war der Temperenzorden, 1600 vom Landgrafen Moritz von Hessen gegründet. Unter »Mäßigung« verstanden seine Mitglieder, nicht mehr als sieben Becher Wein pro Mahlzeit zu trinken …

In der bäuerlichen Welt habe Trunkenheit bis ins 19. Jahrhundert hinein nicht als peinlich oder anstößig gegolten, schreibt der Historiker Ulrich Wyrwa in *Branntewein und ›echtes‹ Bier*: »Auf den bäuerlichen Festen war ein Rausch allgemein angestrebtes Ziel; ein Zustand, der von Frauen und Männern gleichermaßen gesucht wurde.« Einen Eindruck davon bekommt man auch bei der Lektüre von Jeremias Gotthelf. Unvermeidlich endet jedes Dorffest dort in einem hemmungslosen Gelage, und dieses in einer allgemeinen Schlägerei.

Auch die Verbindung von Sport und Trinken ist alt. Im 17. und 18. Jahrhundert war es in der alten Eidgenossenschaft nicht Fußball, der vor allem mit Alkohol- und Gewaltexzessen in Verbindung gebracht wurde, sondern Hornussen. Dabei wird ein »Nouss«, also eine kleine Scheibe, möglichst weit ins gegnerische Feld geknallt, während die andere Mannschaft versucht, das mit bis zu dreihundert Stundenkilometern fliegende Geschoss mit großen »Schindeln« abzufangen. Die Hornusser galten als wilde Kerle, notorische Trunk- und Raufbolde. Deshalb gab es immer wieder Anläufe, das Hornussen generell zu verbieten. Auch Ueli, der Knecht, der Protagonist aus Jeremias Gotthelfs gleichnamigen Roman, entgeht beim Hornussen inklusive Besäufnis und Rauferei nur knapp dem Verhängnis.

Hoch zu und her ging es ebenfalls bei den Gesellenbruderschaften und Zünften. Der »Blaue Montag« galt als Sauftag. 1857 konnte man in einer deutschen Zeitung lesen, dass sich die Gesellen an allen Montagen des Jahres der Arbeit entzögen. Sie »begingen an denselben allerlei Unordnungen und Ausschweifungen« und »straften diejenigen ihrer Mitgesellen, welche den Tag nicht auf der Herberge zubrachten und nötigten alle Anwesenden zum Zechen«.

Im 18. Jahrhundert verbreitete sich der Schnaps in breiteren Bevölkerungsschichten. Er hatte den Vorteil, billig zu sein, schneller zum Rausch zu führen, Hungergefühle zu verdrängen und im Winter zu wärmen. Erst mit der Industrialisierung kam es dann zu einem Rückgang des Alkoholkonsums. Fabrikarbeit ist zwar mit Branntwein weniger öde, aber im Vollrausch gerät rasch mal ein Finger in die Maschine.

Ja, und so erleben wir nun seit rund zweihundert Jahren immer weitere Drehungen in dem langen Disziplinierungs- und Leistungssteigerungsvorgang, den der Soziologe Norbert Elias mit dem Titel seines Werkes aus dem Jahr 1939 *Prozess der Zivilisation* nannte. Einem Leser der heutigen Massenmedien, die uns permanent eintrichtern, alles werde immer schlimmer, mag so eine These naiv erscheinen. Denn laut diesen »News« wird nicht nur der Alkoholkonsum von Tag zu Tag exzessiver, nein, auch »die Gewaltbereitschaft nimmt stetig zu«, wie dieser Tage überall zu lesen ist. Nichts könnte, auf lange Sicht gesehen, falscher sein. Erst 2011 hat Steven Pinker in seiner monumentalen Studie *Eine neue Geschichte der Menschheit* erneut minutiös nachgerechnet, dass die Gewalt von Jahrhundert zu Jahrhundert abnimmt. Um genau zu sein: Im Mittelalter gab es in Europa je einhunderttausend Einwohner fünfunddreißig Morde jährlich; heute ist es noch einer. Aber es gehört eben ironischerweise genau zu diesem Zivilisationsprozess, dass die Autoritäten unaufhörlich behaupten, es sei noch nie so schlimm gewesen – um die Schraube der Kontrolle noch weiter anzuziehen. Als kleiner Schritt in diese Richtung sind auch die angeblich dramatischen Resultate des »Suchtmonitoring« zu sehen. Es geht darum, dass der Alkohol in ein paar Jahren so verteufelt sein soll wie heute der Tabak.

A propos »Rauchen«: Beim Konsum illegaler Substanzen dominiert gemäß dem »Suchtmonitoring« Cannabis. Am meisten gekifft wird in der Altersgruppe der Fünfzehn- bis Vierundzwanzigjährigen: 17,5 Prozent gaben an, in den letzten zwölf Monaten Cannabis zu sich genommen zu haben. Damit zeigt sich allerdings, was in der Studie nicht erwähnt wird, dass der Cannabis-Konsum in Tat und Wahrheit, wie derjenige von Alkohol und Tabak, seit Jahren rückläufig ist. Stattdessen wird bei den Resultaten im »Suchtmonitoring« auf den Zusammenhang zwischen Alkohol bzw. Cannabis und Gewalt verwiesen. Während diese Verbindung bei Alkohol evident ist, sind beim Cannabis Zweifel angebracht. Wer ein paar Joints geraucht hat, wird sich im Allgemeinen kaum vom Sofa erheben, um jemandem einen Kinnhaken zu verpassen, sondern es bei einem unverständlich genuschelten »easy man, relax« bewenden lassen.

Der Historiker Peter Richter ist pessimistisch, was die Zukunft der Kulturerrungenschaft »Trinken« (und damit meint er: Rauschtrinken) angeht: »Schon heute zeichnet sich ab, dass es auf dem Gebiet des Trinkens zu einer ähnlich restriktiven Gesundheitspolitik kommen könnte wie zuletzt beim Rauchen. Ich möchte niemanden in Unruhe versetzen, aber es gibt Tendenzen, die heute noch belächelt werden und morgen vielleicht schon mehrheitsfähig sein können. Könnte also sein, dass wir es hier mit einem Kulturgut zu tun haben, das schon bald auf dem Weg ins Museum ist.«

Ich erinnere mich, wie ich diese Tendenzen zuerst auch belächelte. Es war vor etwa zehn Jahren in einer Bar in Stockholm. Ich fragte den Kellner, ob ich rauchen dürfe. Er sagte, ich müsse draußen rauchen. Also nahm ich mein Glas und stellte mich vor den Eingang. Da folgte er mir und meinte, ich dürfe draußen jedoch nicht trinken. Ich sagte, Trinken und Rauchen seien für mich eins: Das eine mache ohne das andere nicht richtig Spaß. Und ich fügte hinzu, ich würde in der Nähe der Türe rauchen und von Zeit zu Zeit einen Schluck von meinem hinter der Türe im Flur deponierten Bier nehmen. Ich sagte das ohne Ironie oder Angriffigkeit; es schien mir einfach eine pragmatische Lösung des unsinnigen Problems. Der Kellner hingegen meinte offenbar, ich wolle ihn provozieren und brüllte entnervt: »Machen Sie mir meinen Job nicht noch schwerer, als er ohnehin ist!«

Dann wurde auch in der Schweiz das Rauchverbot in öffentlichen Lokalen eingeführt. Ich ärgerte mich darüber, aber gut, dann ging man halt von Zeit zu Zeit raus eine rauchen. Nach einiger Zeit merkten die Raucher, dass ihnen eigentlich nichts Besseres hatte passieren können (zumindest während der warmen Jahreszeit). Immer öfter verlagerte sich nämlich das eigentliche soziale Leben nach draußen, wo es viel einfacher war, miteinander ins Gespräch zu kommen. Neidisch schielten die Nichtraucher, festgeklebt auf ihren Stühlen um den Tisch oder betäubt von der lauten, kommunikationstötenden Musik in einem Club, nach draußen, wo sich die süchtigen Outcasts köstlich amüsierten. Aber dann schlug das Empire zurück. Es erfand ein neues, noch absurderes Verbot, so ähnlich wie Jahre zuvor in Schweden: Nach Mitternacht durfte man keine Gläser mehr mit nach draußen nehmen. Begründung: Nachtruhestörung und die Gefahr, dass Gläser oder Flaschen in Brüche gehen könnten. Das war natürlich geheuchelt, in Wirklichkeit ging es einfach darum, den Leuten den Spaß zu verderben. Aber die Lokalbetreiber nahmen die »Bedenken« ernst und stellten nun Plastikbecher in den Eingang. So kann, wer für eine Zigarette hinaus will, dort seinen Drink aus dem Glas in einen Becher umleeren, und verhält sich somit regelkonform. Aber das Verbot, überhaupt draußen zu trinken, wird wohl nicht lange auf sich warten lassen.

Bereits heute ist das »öffentliche Trinken« ja vielerorts kriminalisiert, und es sind Anstrengungen im Gang, nicht nur die »Happy Hour« in Gaststätten (reduzierte Preise am kundenarmen, frühen Abend), sondern den Alkoholverkauf nach zweiundzwanzig Uhr und Freibier zu verbieten. Seit kurzem wird in einigen europäischen Ländern ein neues Gesetz diskutiert, das nun auch das eigene Auto als öffentlichen Ort definieren soll, in dem man folgerichtig auch nicht rauchen darf. Das wird nur noch getoppt vom geplanten Gesetz, fürs Kinderhüten eine spezielle Genehmigung mit Fähigkeitsnachweis zu verlangen. Was bleibt der Oma, die ihre Enkel nun mangels Diplom nicht mehr betreuen darf, noch anderes übrig als der Griff zur Flasche?

Das protestantische Erbe

Was hat sich auf gesellschaftlicher Ebene verändert, dass sich innert zehn, zwanzig Jahren so einschneidende Eingriffe bewerkstelligen ließen? Hat der Boom von Gesundheit, Prävention, Hygiene, Sicherheit, Moral, Korrektheit, Rücksichtsnahme und Prüderie mit einem Revival von Bürgerlichkeit zu tun? Eher nicht, denn zu den bürgerlichen Tugenden gehörte immer auch die Trennung von Privatsphäre und Öffentlichkeit, die Betonung der Mündigkeit des Einzelnen sowie eine Liberalität in Fragen der »Sittlichkeit«. Eher müsste man von einer Renaissance von Puritanismus und Protestantismus reden. Das sind religiöse Begriffe, und nicht umsonst spricht man von einem Kreuzzug gegen Tabak und Alkohol, von Gesundheitsaposteln und Ökofundamentalisten. Protestantismus bedeutet in diesem Zusammenhang eine asketische Haltung: Wir verzichten auf die »billigen« diesseitigen Genüsse, in der Hoffnung, irgendwann irgendwie für unsere Abstinenz entschädigt zu werden. Das Problem ist bloß, dass mit dem Verlust unserer Religiosität auch die erhoffte Belohnung profanisiert wurde. Bestenfalls rechnen wir heute damit, dank unserer enthaltsamen Lebensweise nicht nur länger zu leben, sondern dereinst kerngesund, nüchtern, schlank und durchtrainiert zu sterben. Gerade weil uns jedoch der Glaube an einen Lohn im Paradies abhanden gekommen ist, reagieren wir häufig gereizt, wenn sich andere den Genuss schamlos hier und jetzt nehmen, den wir selbst auf ewig aufschieben.

Für Friedrich Nietzsche war das Christentum bekanntlich eine Sklavenreligion, Ausdruck einer Verlierermentalität, die das Scheitern nicht bedauert, sondern hochstilisiert. Er witterte am Christentum ein Ressentiment, einen Neid gegenüber den Lebenskünstlern, letztlich einen Hass auf das Leben. In seinem Buch *Wofür es sich zu leben lohnt* wendet der österreichische Philosoph Robert Pfaller genau diese Denkfigur auf die aktuellen Feinde der glücklichen Genießer an. »Die Angst vor dem Genießen der Anderen beschäftigt im Moment eine erstaunliche Zahl von Menschen – mehr als die Suche nach ihrem eigenen Glück«, schreibt er. Gemäß Pfaller ertragen es die modernen Gesundheitsfanatiker nicht, dass sich andere erlauben, was sie sich selbst versagen. Es geht bei diesem Neid also nicht darum, fremden Besitz an sich zu bringen; vielmehr sollen die anderen ebenfalls am eigenen Mangel leiden. Man würde, so Pfaller, diesen Wächtern eine gesunde Portion Egoismus wünschen: Sie sollten mehr für sich sorgen und weniger auf die andern schauen.

Ganz bei sich sein

Der postmoderne Verzichtsmensch zeichnet sich für Pfaller zwar nicht durch Egoismus aus, aber durch Egozentrik und Narzissmus. Seine häufigste Reaktion gegenüber der Umwelt ist das Gefühl, gestört, belästigt, gekränkt zu werden. Wann immer ihm jemand zu nahe tritt oder anders ist als er selbst, empfindet er Rücksichts- und Respektlosigkeit und fordert Schutz. Zu diesem Narzissmus gehört ein Kult der Authentizität. Sich zu verwirklichen, man selbst, offen und aufrichtig zu sein ist zum Mantra des »freien« Menschen geworden. *Be yourself.* Bloß: Kultur und Zivilisiertheit, mithin alles, was mit raffinierterem Leben zu tun hat, beruht auf Bildung, das heißt auf Umwegen, Übung, Offenheit gegenüber der Welt, dem Neuen, dem Anderen – auf »Nicht-Ich«. Wer immer nur bei sich ist, wächst nie über sich hinaus. Zudem verführt der Kult der Ehrlichkeit zu Wehleidigkeit, Selbstmitleid und Weltfremdheit. Man erinnere sich bloß an die harmlose Bemerkung des damaligen britischen Premiers Gordon Brown, der nach einem Gespräch mit einer kritischen Bürgerin raunzte, die Dame sei »borniert«.

Leider war das Mikrofon nicht abgeschaltet, und der Fauxpas kostete ihn möglicherweise die Wiederwahl. Offenbar sind wir nicht mehr fähig, bei einem Politiker zwischen der öffentlichen Person und dem privaten Individuum zu unterscheiden, und sind geschockt, wenn er sich einmal als verstimmt zeigt. Dabei spielen wir doch alle Theater, bloß sind wir uns nicht mehr bewusst, dass die Welt eine Bühne ist. Die Trennung zwischen Innenwelt und Auftritt – »die Gedanken sind frei« – ist elementar. Gäbe es keine Rollen, keine Masken, keine Höflichkeit, keine elaborierte Ausdrucksweise – das wäre nicht nur das Ende von Öffentlichkeit, Politik, Diplomatie, sondern auch das Ende des Privaten, des Genusses, von Kultur überhaupt.

Exkurs:
Das Ende der Privatsphäre

*V*ielleicht kommt bald eine Zeit, wo Jüngere sich nicht mehr vorstellen können, was das mal war: »Privatsphäre«. So etwas Seltsames wie Stenografie, eine Schreibmaschine oder ein Wählscheibentelefon? »Wozu war das gut?«, werden sie fragen, »wenn sowieso jeder ahnt, dass es hinter den verschlossenen Türen noch ein anderes, verstecktes Leben gibt, wenn jeder um die künstliche Fassade, die Masken und die Lügen weiß – warum sie dann aufrechterhalten?«

Schon heute proklamiert Facebook-Gründer Mark Zuckerberg, Privatheit sei eine überholte soziale Norm. Aber während viele Facebook-Benutzer sorglos die intimsten Bilder ihrer letzten Liebesnacht oder ihres jüngsten Besäufnisses ins Netz stellen, macht Zuckerberg aus der grenzenlosen Transparenz einen moralischen Imperativ: »Ich möchte die Welt offener und ehrlicher machen«, erklärt er. »Die Zeiten, in denen man seinen Kollegen eine Persönlichkeit präsentieren kann und Freunden eine andere, sind vorbei. Zwei oder mehr Identitäten zu haben beweist einen Mangel an Integrität.«

Und Google-Chef Eric Schmidt doppelt nach: »Wenn es etwas gibt, von dem Sie nicht wollen, dass es irgendjemand erfährt, sollten Sie es vielleicht nicht tun.«

Das erinnert an Julian Assange, den Wikileaks-Gründer, der mit der Veröffentlichung von vertraulichen diplomatischen, politischen und militärischen Dokumenten ebenfalls dem Ideal einer totalen Offenlegung nacheifert (und prompt Opfer einer Frau wurde, die seine Nichtbenützung eines Kondoms und andere Intimitäten ans Licht der Öffentlichkeit und der Justiz zerrte).

Es ist eine Sache, öffentlich zu sich selber zu stehen (zum Beispiel zu seiner Homosexualität), aber eine andere, zur Preisgabe seines Privatlebens gezwungen zu werden (die Denunziation eines prominenten Schwulen). Und das ist genau der springende Punkt bei den neuen Medien: Es wird immer schwieriger, die zur eigenen Person in Umlauf kommenden Daten zu kontrollieren.

Das fängt schon bei Facebook an, wenn auf der eigenen Seite plötzlich Bilder auftauchen, die ein »Freund« schoss und auf denen man selbst auch noch namentlich markiert ist. Oder wenn man irgendwann einmal etwas online publizierte oder etwas über einen publiziert wurde. Einmal Google, immer Google. Im permanenten Bombardement von Peinlich-Persönlichem wird man an die Diagnose von der »Tyrannei der Intimität« erinnert, die der Soziologe Richard Sennett 1983 äußerte.

Jenseits dieser ärgerlichen Indiskretionen erlauben die aktuellen technischen Fortschritte jedoch eine immer raffiniertere Durchleuchtung der Bürger, mit der auch Datenschützer kaum mehr Schritt halten können und die eher an Orwells 1984 als an Sennett gemahnt. So wird beispielsweise die Videoüberwachung von öffentlichen Gebäuden zunehmend üblich, seit kurzem auch von Schulhäusern. Während diese Art Kontrolle noch einigermaßen demokratisch kontrolliert werden kann, sind in Firmen und im privaten Bereich installierte Kameras oft kaum sichtbar, und für die Betroffenen ist unklar, was mit den Aufnahmen genau geschieht.

Dank Navigationshilfen und in Handys und Fotoapparate eingebauten GPS können die Besitzer solcher Geräte jederzeit lokalisiert werden. Das wird bereits ganz offen praktiziert mit der Handy-Funktion »Track your kid«, aber geht natürlich auch mit Erwachsenen.

E-Mails und SMS können bekanntlich ebenfalls kontrolliert werden, nicht nur von eifersüchtigen Partnern und Ehefrauen, sondern auch von Firmen und der Polizei, selbst wenn die Nachrichten gelöscht wurden. Ebenso sind alle Schritte, die wir auf unserem Computer unternommen haben – seien es Internetrecherchen oder das Aufrufen von Websites –, gespeichert und können beispielsweise von Google benutzt werden. Damit sind auch sehr persönliche Vorlieben, wie sie beispielsweise bei der

Benützung von Dating-Plattformen oder Sexsites formuliert werden, gespeichert. Sogenannte Smartgrids sind differenzierte, »intelligente« Stromzähler, die genau registrieren, wann jemand was tut in seinen »eigenen« vier Wänden. Biometrische Informationen erfreuen sich als eindeutiges Identifikationsmittel immer größerer Beliebtheit, nicht nur beim Pass, sondern auch in der Privatindustrie. Inwiefern diese Daten mit andern verlinkt und wofür sie sonst noch verwendet werden, ist für den Einzelnen kaum auszumachen. Die Resultate von Gentests und weitere medizinische Informationen können die Entscheidungen von Krankenkassen und andern Versicherungen oder sogar von Arbeitgebern, zum Beispiel bei Bewerbungen, beeinflussen. Auch Kreditfirmen verfügen dank der gespeicherten Zahlungen ihrer Kunden über riesige Mengen an Konsumenten-Informationen, von immensem Nutzen etwa für die Werbeindustrie.

Besonders heikel wird es, wenn all diese verschiedenen Daten aus ihrem ursprünglichen Kontext gerissen und zusammengeführt werden (das sogenannte Data-Mining oder Data-Warehousing). Die immer besseren Suchmaschinen und rapide wachsende Speicherkapazitäten befördern diese Entwicklung und führen dazu, dass je länger je weniger »vergessen« wird. Davon profitieren nicht zuletzt das Militär und die Geheimdienste, die in diesem Bereich, vor allem im Gefolge von 9/11, massiv aufgerüstet haben.

Im aktuellen Diskurs hat sich bei der Diagnose dieser technischen Innovationen bereits der Begriff »Post-Privacy« eingebürgert. Das Wort suggeriert, dass da nicht ein Kampf zwischen den Verfechtern der Privatsphäre und den neuen, immer totaleren Informationsmedien im Gang ist, sondern dass der Ausgang längst feststeht und die Unterscheidung zwischen öffentlich und privat obsolet geworden ist. Der Astrophysiker und Sciencefiction-Autor David Brin hat in seinem Buch *The Transparent Society* bereits 1998 den Zuwachs an Erkenntnis und Freiheit gepriesen, der uns durch die digitalen »Röntgengeräte« erwachse, und der Berliner Blogger Christian Heller räumt in seinem Buch *Post Privacy* definitiv mit »Atavismen« wie Datenschutz oder Staatsgeheimnissen auf. Das Öffentlichmachen aller Daten führe nicht nur zu mehr Wissen, sondern auch zu weniger Kontrolle, weniger Monopolen und mehr Gerechtigkeit, glaubt er. »Wenn in letzter Konsequenz alles darauf hinausläuft, dass wir nackt sind«, so Heller, »dann ist das für uns wohl gar nicht mehr so schlimm.« Dahinter steht die Annahme, die auch von Exponenten der Piratenpartei vertreten wird, dass völlige Offenheit zum Ende von Doppelmoral und Heuchelei und zu mehr Toleranz führe.

Andere Autoren wie der südkoreanische, in Berlin lehrende Philosoph Byung-Chul Han – in seiner jüngsten Publikation *Transparenzgesellschaft* – verspotten das als naiv, da es letztlich bei der vielgepriesenen Durchsichtigkeit vor allem um Geschäftsinteressen und politisch-gesellschaftliche Kontrolle gehe. Wer darauf beharre, etwas sei persönlich und gehe die Öffentlichkeit nichts an, mache sich bereits verdächtig: Was hat er wohl zu verstecken? Die Gesellschaft werde durch dieses Ausstellen des Intimsten nicht gelassener, sondern immer noch aufdeckungsgeiler.

Paradox ist, dass sowohl die Post-Privacy-Idealisten wie auch die Verteidiger der Privatsphäre sich »Freiheit« auf die Fahne schreiben. »Unbeschränkten Datenaustausch« verstehen die einen darunter, »das Recht auf eine geschlossene Türe« die anderen.

Wer sich im Internet nur ein wenig umschaut, staunt, was es da alles gibt für den Möchtegerndetektiv: unsichtbare Überwachungskameras in Luftbefeuchtern oder Vasen (zum Beispiel fürs eigene Zimmer mit dem Ehebett, falls man mal abwesend ist, oder als Geburtstagsgeschenk für eine Person, deren Privatleben man schon lange ausleuchten wollte), Aufnahmegeräte und Kameras in einem Kugelschreiber, Software, mit der man sich ins GPS eines Feindes einloggen und jede seiner Bewegungen überwachen kann. Realistischerweise muss man zugeben: Wenn mich jemand ausspionieren möchte, kann er das tun. Und es wird immer leichter. Verbote und Gegenspionage-Geräte (die im Internet ebenfalls boomen) können da wohl auf lange Sicht nicht allzu viel ausrichten, und auch individuelle Vorsichtsmaßnahmen beim Gebrauch der digitalen Medien nicht. Also einfach die Zügel sausen lassen, nach dem Motto: »Ist der Ruf erst ruiniert, lebt sich's gänzlich ungeniert«?

Für einen Rockstar mögen ein paar Skandale umsatzfördernd sein. Für das Gros der Menschen gilt jedoch, was der Soziologe Erving Goffman 1959 mit seinem Buchtitel auf den Punkt brachte: *Wir alle spielen Theater*. Kultur beruht elementar auf Höflichkeit, Maske, Dar- und Verstellung, oder, wertfreier ausgedrückt: auf kontextangepasstem Verhalten. Linguisten haben festgestellt, dass sich menschliche Sprache von der tierischen unter anderem durch die Möglichkeit der Lüge auszeichnet. Tiere sind natürlich, authentisch und spontan, Menschen komplex, geheimnisvoll, berechnend und unberechenbar. Der gläserne Mensch, von dem wir jederzeit wüssten, was er tut und denkt und fühlt, wäre im ersten Moment wohl faszinierend, bald jedoch eine Zumutung.

Wir sind mehr Voyeure als Exhibitionisten. Vor lauter Schaulust realisieren die wenigsten, wie sehr sie heute beobachtet, überwacht und kontrolliert werden können. Warum wird die Privatsphäre, in der wir unseren Gelüsten nachgehen können, wie wir wollen, und die dem Staat in einem langen Kampf abgerungen wurde, einfach so mir nichts, dir nichts über Bord geworfen?

Wie altkluge Kinder

ngesichts der widerstandslos hingenommenen Bevormundung durch paternalistische Politiker (und maternalistische Politikerinnen) könnte man eine gewisse Infantilisierung der Bürger diagnostizieren. Robert Pfaller vergleicht den herrschenden Zeitgeist mit der Attitüde eines altklugen Kindes. Solche Kinder nehmen wörtlich, was ihnen die Eltern gesagt haben (»du sollst nicht lügen, nicht rauchen, nicht fluchen, nicht frech sein«), und sind dann ganz erstaunt, wenn sie sehen, dass die Erwachsenen, denen sie nacheifern, dauernd solche unvernünftigen Dinge tun, ja, dass gewisse Übertretungen geradezu zum Erwachsensein (»ab 18«) gehören. Epikur warnte davor, sich maßlos zu mäßigen. Er meinte damit, dass auch übertriebene Askese ungesund sei und zum Exzess führen könne. Genauso könnte man feststellen, dass auch Erwachsensein einen Schuss kindlichen Übermut und Vernunft eine Prise Verrücktheit braucht, um nicht totalitär zu werden. Das allzu Rationale kippt leicht ins Tyrannische.

»Jene Biopolitiken, die gegenwärtig unter dem Vorwand, das Leben zu schützen, jeglichen Genuss als gesundheitsschädigend dämonisieren und verbieten«, schreibt Pfaller, »machen schon dieses Leben selbst zum Tod; zu einer Art von vorzeitiger Leichenstarre.«

Passen wir nicht auf, wird Fräulein Rottenmeier, die schon bedrohlich fuchtelt, bald definitiv das Szepter übernehmen und dem lustigen Heidi mitsamt Geißenpeter das Leben zur Hölle machen.

Hilfe, Übergriff!

Kürzlich setzte ich mich in der Tram neben eine Frau. Sie war so zwischen vierzig und fünfzig Jahre alt, und ich bemerkte gleich, dass sie mich aus den Augenwinkeln musterte. Nach einigen Minuten stand sie auf und ging nach hinten. Ich schaute ihr nach. Sie stieg nicht etwa aus, sondern setzte sich auf einen freien Einzelplatz.

Auch an diesem Tag hatte ich geduscht und ein Deo benützt. Ich leide weder unter einer weithin sichtbaren, ansteckenden Hautkrankheit, noch habe ich das typische Gesicht eines Massenmörders. Ich hatte die Frau weder unsittlich berührt noch deplatzierte Sprüche gemacht oder auch nur geil angeschaut. Nichts; ich war einfach da. Aber das war offenbar schon eine Zumutung. Ich hätte Lust gehabt, zu ihr hinzugehen und zu sagen: »Sie finden es offenbar unhöflich, dass ich mich neben Sie setze, während da hinten noch Plätze frei sind. Was Sie da gemacht haben, finde ich bedeutend unhöflicher!« Aber wahrscheinlich hätte sie gedacht: »Na, hab ich's nicht gedacht? Ein Spinner! Zum Glück hab ich mich abgesetzt.«

Erst recht unerwünscht ist es, sich nicht nur unge-fragt in der Nähe einer Person aufzuhalten, sondern diese sogar anzublicken.

Da war ich doch letztlich in einem Club, wo sich die Leute sicher besonders fortschrittlich, cool und unbürgerlich vorkommen. Ich tanzte, ganz verloren in der Musik und im Licht, und ließ verträumt mei-nen Blick über die andern Anwesenden gleiten. Plötzlich kam eine Frau auf mich zugeschossen und keifte: »Gaff mich bitte nicht so an, ja?!«

Ich fühlte mich, als hätte man mir einen Eimer kaltes Wasser über den Kopf gegossen.

Mein Gott! Ein Club, eine Disco, eine Bar sollte doch ein Ort des Kontakts, des Kennenlernens sein, oder nicht? Oder gar des Flirts, der Erotik, der Grenz-überschreitung, aber davon reden wir ja schon gar nicht. Wenn man »ungestört« sein will, kann man ja zu Hause bleiben.

Noch gefährlicher wird's, wenn man sogar unauf-gefordert das Wort an jemanden richtet. Bin ich zum Beispiel in Zürich peinlicherweise gezwungen, den normalen Gang der Dinge anzuhalten und jemanden nach dem Weg zu fragen, dann marschieren die Männer – kaum haben sie mein »Gruezi, Entschul-digung, darf ich …« gehört und bemerkt, dass ich keine Krawatte trage – entweder wie taubstumme Pokerspieler weiter oder überreichen mir wortlos eine Münze (für die Notschlafstelle), die Damen um-klammern mit eisernem Griff ihre Handtasche, und die jüngeren Frauen nehmen sicherheitshalber schon mal die Wendo-Ausgangsstellung ein.

Gut, ich übertreibe ein bisschen; aber einmal – ohne Witz – betrat ich an einem Morgen früh eine Post. Ich war noch nie in dieser Post gewesen, und sie war sehr groß. Es ging um irgendwas Spezielles, also fragte ich einen anderen Kunden, ob er wisse, wo sich der entsprechende Schalter befinde. Und was antwortete dieser überaus zuvorkommende Mensch? Er sagte: »Weißt du was? Schau doch einfach selber und lass mich in Ruhe!«

Es war ein Arbeiter in einem blauen Overall, mit einem Stapel Pakete vor sich. Offenbar musste er die zu dieser frühen Stunde für seinen Chef verschicken. Wahrscheinlich war er schlecht bezahlt. Vielleicht hatte er einen Kater, vielleicht hatte ihn seine Frau nach dem Frühstück sogar geohrfeigt (so sah er auf jeden Fall aus). All das ist unerfreulich, sicher. Aber trotzdem.

Das alles sind Lappalien. Aber jetzt stelle man sich mal vor, ich wollte mit all diesen Erfahrungen im Hinterkopf zum Beispiel im Kino eine schöne Frau ansprechen, einfach weil sie mir gefällt und ich sie gerne kennenlernen würde. Höchst riskant! Nur für Stuntmen oder Dumpfbacken.

Unsere sogenannte »Verhandlungsmoral« (»ist das okay für dich?«) ist manchmal rigider als die klassische Verbotsmoral. In den USA riskiert man bei einem Kuss eine Millionenklage, wenn man nicht vorher um Erlaubnis gefragt hat. In manchen Colleges gibt's eine Checkliste. Man muss bei jeder neuen Körperzone zuerst fragen: Darf ich dein Ohrläppchen berühren, darf ich meine Hand auf deine Schulter legen? Das ultimative Programm zur Verhinderung von Sexualität.

Und zugleich signalisieren all die Beauties permanent von den Plakatwänden herunter: »Hol's dir! Greif zu! Do it! Have fun! Obey your thirst!«

Und die Anzeigenseiten der Zeitungen und die entsprechenden Websites sind voll von Singles, die verzweifelt auf das Wunder der Liebe hoffen.

Aber eben, auf ein Wunder. Auf den Prinzen auf dem Schimmel oder den Engel vom Himmel. Alle unsere Filme, all die Songs, die ganze Bestseller-Literatur handelt immer von dieser Sehnsucht und der unglaublichen Begegnung. Man findet die Phantome und Phantasmen faszinierend, fühlt sich aber von der bescheidensten Avance abgestoßen. Ein pubertäres, wenn nicht infantiles Konzept von Liebe und Sexualität. Alles, was mit realer Berührung, ausgelebten Wünschen zu tun hat, kommt rasch in den Ruch des Missbrauchs, der schlechten Sexualität. Die reine Liebe darf nicht befleckt werden. Ich möchte jetzt gar nicht von den Obsessionen rund um sexuelle Belästigung sprechen. Das Problem beginnt schon viel früher: In einer lebensfeindlichen Idee von Autonomie. Für viele Leute wird Glück typischerweise symbolisiert durch einen Liegestuhl an einem einsamen Strand, und auf dem Tischchen daneben steht ein Drink. Das Paradies. Frei, unabhängig, allein. Und wie langweilig, schon nach wenigen Stunden, in Wirklichkeit!

Es scheint irgendeine Vorstellung zu herrschen, dass man für das eigentliche Leben allein sein muss, ganz bei sich, sich selber treu. In einer Art Jenseits, losgelöst von allen Bezügen und Beziehungen. Daher kommen auch all diese Weisheiten wie: Nur wer allein sein kann, ist auch beziehungsfähig. Ich möchte jetzt eine Weile alleine leben, um mich selber zu finden. Herausfinden, was ich wirklich will. Emotionales Survivaltraining im seelischen Himalaya, in der sozialen Antarktis, im Nordmeer des Herzens … Ich weiß nicht, ob das ein Überbleibsel der Metaphysik ist, des Christentums, der Cowboy-Filme, der Selfmademan-Ideologie oder des liberalen Individualismus, auf jeden Fall scheint es mir lebensfern und autistisch.

Wenn jede unerwartete Begegnung mit dem andern nur noch als Übergriff empfunden wird, wenn das Ideal darin besteht, *ungestört* seine Runden drehen zu können, muss man sich nicht wundern, wenn das öffentliche Leben stinklangweilig wird. Die Tage (und erst recht die Nächte) sind doch interessant dank der Störungen, der Überraschungen, der unverhofften Begegnungen!

Aber wahrscheinlich ist man umso allergischer gegen diese »Belästigungen«, je isolierter man ist.

Paranoid, nennt man das. In der Psychologie gibt es die Theorie, dass der Paranoiker das, was ihn angeblich verfolgt, eigentlich begehrt. Aber er kann es sich nicht eingestehen. So ertragen die Einsamsten es oft am wenigsten, angesprochen zu werden, obwohl sie sich nichts sehnlicher wünschen. Wie im Film *I love you, don't touch me!*, wo eine fünfundzwanzigjährige Jungfrau auf den »Richtigen« wartet und wartet und wartet, und nicht sieht, das »Mr. Right« eigentlich die ganze Zeit in ihrer Nähe war.

Ich vermute übrigens, auch die Handy-Gegner gehören zu dieser Kategorie. Warum regen sie sich auf, wenn jemand in der Straßenbahn in sein Handy spricht? Macht es einen Unterschied, ob man ins Handy redet oder mit seinem Sitznachbarn? Aber wahrscheinlich würden die Handy-Gegner am liebsten ein generelles Sprechverbot in der Tram einrichten, so wie in manchen Zugabteilen. Sie sagen, sie fühlen sich peinlich berührt, dass wildfremde Leute ihre ganze Intimsphäre vor ihnen ausbreiten. Papperlapapp! Heuchler! In Wirklichkeit sind sie frustriert, dass sie die andere Hälfte des Gesprächs nicht mitkriegen. Diese selben Miesepeter schauen sich nämlich am Abend irgendeine Reality-TV-Sendung an und können gar nicht genug Intimsphäre von wildfremden Menschen bekommen. Sie sind bloß neidisch. Sie wünschten, jemand würde Intimitäten mit *ihnen* austauschen, und dann beschweren sie sich über die andern, die tun, was ihnen verwehrt ist.

Die armen Jugendlichen

An der Peripherie von Zürich wurde kürzlich ein Jugendlicher verhaftet, weil er am Waldrand ein Feuerchen machte. Eine Szene aus Orwells *1984*? Nein, aus der Schweizer Realität 2012. Ich kenne den sechzehnjährigen Jungen, er ist der Sohn einer Kollegin. Ironie des Schicksals: Es war die Nacht der Street Parade; aber die Clique hatte keine Lust auf das organisierte Wumm-Wumm- und Drogen-Massenspektakel. Sie gingen zu diesem weitläufigen Park, schlenderten herum, diskutierten, es wurde dunkel und kühl, also sammelten sie etwas Holz und entfachten ein kleines Feuer. Kurz darauf fuhr die Polizei vor, löschte aufgeregt die Flammen, als ob gleich daneben ein Dynamitfass stünde, kontrollierte die Personalien der Anwesenden und nahm die ganze Gruppe mit aufs Revier. Sie mussten die Nacht in der Zelle verbringen; erst am nächsten Mittag wurden sie entlassen.

Die früheste Kulturleistung des Menschen, der harmloseste Stimmungsmacher vom Neandertaler bis zum Pfadfinder, vom Nordkap bis zur Kalahariwüste – ein gemütliches Feuerchen – ist also zum Verbrechen geworden.

Im September kam es in Zürich an zwei aufeinanderfolgenden Wochenenden zu Krawallen. Ein paar Jugendliche hatten die originelle Idee, am Bellevue, also mitten in der Innenstadt, am Samstagabend eine spontane Party zu organisieren. Und zwar als Demo für das »Recht auf illegale Partys«. Das klingt zwar paradox, aber die Idee kam wahrscheinlich genau aufgrund solcher Vorfälle wie dem oben geschilderten Lagerfeuer auf. Immer mehr Jugendliche haben keine Lust mehr, für einen Clubeintritt zwanzig Euro hinzublättern und dann nochmals zehn für eine Cola. Sie schleppen stattdessen eine Musikanlage irgendwo in einen Wald oder unter eine Autobahnbrücke, und wer's mitgekriegt hat, kommt. Aber regelmäßig fährt die Polizei vor, als ob sie nichts Wichtigeres zu tun hätte, konfisziert die Anlage und verdonnert die Organisatoren zu saftigen Bußen.

Zurück zum Bellevue: Rasch verbreitete sich also die Ankündigung einer Protestparty über SMS, bald schon befanden sich an die Tausend Tanzlustige mitten auf der großen Kreuzung. Aber, wie nicht anders zu erwarten: Die Polizei marschierte auf, versuchte mit Gummischrot die Menge auseinanderzutreiben, die Situation eskalierte, Flaschen flogen, Wasserwerfer fuhren auf, die Party war futsch. Am Samstag darauf rächte sich der harte Kern, indem er die Tramstation beim Bahnhof verwüstete.

Vielleicht gibt es auch in diesem Zusammenhang eine Art thermodynamisches Gesetz: Die Energie bleibt sich gleich. Man kann die Lust am Genuss, am Fest, am Exzess nicht unterdrücken. Wenn man schon die harmlosesten Manifestationen von Vergnügen auslöschen will, als ob es sich um eine Zündschnur handelt, dann sucht sich der Überschreitungstrieb ein anderes, vielleicht weniger harmloses Ventil. Löscht man immer und überall die kleinste Glut, kaum wird sie sichtbar – »Zero tolerance!« –, hat man am Ende einen Flächenbrand oder eine Explosion.

Im selben Monat, als der Jugendliche in Zürich verhaftet wurde, passierte meinem Neffen in den Niederlanden etwas Ähnliches. In seiner Nachbarschaft gab es seit einiger Zeit eine große Baustelle. Wahrscheinlich wurde ein Haus abgerissen oder renoviert, das sah man hinter dem Bretterverschlag nicht so genau. Als interessierter Bürger und Zeitgenosse wollte es der Junge mit seinen Kollegen genauer wissen. (Da soll noch jemand sagen, die Jungen würden sich nur für Sex, Drogen und Videospiele interessieren.) Sie gingen also rein und schauten sich die Baustelle an. Sie stiegen auf keine Gerüste, fassten keine Maschinen an, warfen niemanden in den Betonmischer. Einfach ein Augenschein halt. Nach zehn bis fünfzehn Minuten gingen sie wieder. Das heißt: Wollten sie gehen. Denn draußen standen etwa fünf Polizeifahrzeuge, und eine Armada von

Uniformierten nahm die Jungen in Empfang. Eine Überwachungskamera hatte sie gefilmt, und sofort war »dein Freund und Helfer« ausgerückt. Die Übeltäter mussten sich auf den Boden legen und wurden nach Waffen und Sprengstoff durchsucht. Auch sie verbrachten dann eine Nacht in der Zelle.

Es ist seltsam, wie sehr auch bei den Verboten die Globalisierung wirksam ist. Es scheint da eine Art internationales Wettrüsten im Gang zu sein. Innerhalb weniger Jahre hat sich das Rauchverbot durchgesetzt, nicht nur in Europa, sondern fast in der gesamten Welt. Auch in Ländern, in denen man sich das nie erträumt hätte und die sich sonst viel auf ihre kulturelle Eigenständigkeit einbilden.

Es ist immer das Gleiche: Bei jedem neuen Gesetzesvorstoß denkt man: »Absurd! Das wird sich nie durchsetzen!« Vor zehn Jahren plädierten ein paar Hundehasser dafür, dass Hundehalter die Häufchen, die ihr Liebling beim Gassigehen hinterlässt, einpacken und mitnehmen sollten. Zum Totlachen, nicht wahr? 2005 wurde die »Aufnahmepflicht für Hundekot« in der Schweiz eingeführt. Und nicht nur in der Schweiz. Natürlich, ich trete auch nicht gerne in stinkende Haufen; das Verbot hat wie so oft seine erfreulichen Seiten. Aber es geht hier auch nicht so sehr um die einzelnen Regelungen, als vielmehr um den allgemeinen Trend und um die erstaunliche Tatsache, wie rasch wir uns an all diese Zumutungen gewöhnen, ohne zu murren.

Momentan wird gerade die Helmpflicht für Velo- und Skifahrer diskutiert. Was auch auf der Agenda steht: Ein Roller-Verbot für Kinder unter sieben Jahren. Eine besonders originelle Idee kam kürzlich aus Island. Nachdem dort bereits vor kurzem der Striptease verboten wurde, liegt nun ein neuer Gesetzesentwurf vor, der den Tabakverkauf auf Apotheken beschränkt. Natürlich gegen Rezept, das nur an »Süchtige« abgegeben wird. Zudem soll der blaue Dunst konsequent und gegen Strafe von Leinwand und Bühne verbannt werden. »Dreihundert Menschen sterben in Island jährlich an den Folgen des Nikotinmissbrauchs«, heißt es zur Begründung. Als ob diese Menschen ohne Tabak nie sterben würden.

Ich wette eine Havanna, dass auch dieses Gesetz, das die Raucher definitiv pathologisiert, kriminalisiert und demütigt, irgendwann in ganz Europa durchgesetzt wird. Und in zwanzig Jahren finden's alle normal.

Wenn ich mir eine persönliche Bemerkung erlauben darf: Ich rauche seit meiner Jugend, aber nur zwei, drei Zigaretten pro Tag, höchstens bei einer Party mal etwas mehr. Das Rauchen bei der Arbeit habe ich mir früh abgewöhnt; wenn ich schon meine Gesundheit gefährde, soll es dem Vergnügen dienen und nicht meinem Arbeitgeber oder der Erhöhung des Bruttosozialprodukts. Ich habe es mir zur Gewohnheit gemacht, den Tabakgenuss zu zelebrieren. Gerne trinke ich einen irischen Whisky dazu, höre meine Lieblingsmusik und gebe mich ganz dieser lustvollen, kleinen Meditation hin. Es klingt paradox, aber ich vermute, dass man automatisch weniger raucht, wenn man es bewusst und hingebungsvoll tut.

Ich trinke eigentlich täglich, ein Glas oder auch mal zwei oder fünf. Ich habe fast alle interessanten Drogen ausprobiert, aber meistens reichte es mir nach einem Erstversuch. Süchtig bin ich nie geworden. (Vermutlich haben all die Kriege um die Drogen, die auf deren Illegalität und daraus folgenden horrenden Gewinnmargen zurückzuführen sind, mehr Todesopfer gekostet als die Drogen selbst.) Mit anderen Worten: Ich bin inmitten all dieses »Achtung-Achtung!«-Alarmismus ein wandelnder Beweis für Gelassenheit.

Die Fremdgeh-Hysterie

*W*ie sich die Amerikaner überschlugen in Empörung über Bill Clinton, Tiger Woods und Arnold Schwarzenegger! Aber wo es Ehen gibt, gibt es Ehebruch. Ausgerechnet in den USA, dem Land der unbegrenzten Möglichkeiten, wird als schlimmes moralisches Vergehen geahndet, was in Frankreich als Kavaliersdelikt, in China als modern, in Afrika als normal und in Russland als obligatorisch gilt.

Auch Leute, die seit Jahren treu verheiratet sind, haben sich wohl schon gefragt, ob es die Amerikaner nicht ein bisschen übertreiben mit ihrer Seitensprung-Hysterie. Spätestens seit »Monica-Gate«. Musste wirklich die ganze Welt über die Vorkommnisse zwischen Clinton und Lewinsky aufgeklärt werden? Oder Hugh Grant. Gut, der Blow-Job mit der Prostituierten im Auto war etwas billig. Aber die ewig gleichen öffentlichen Entschuldigungen, Reuebezeugungen und Tränen vor laufenden Kameras sind ebenso peinlich. Und dann Tiger Woods. Klar, er neigte auch bei seinen Seitensprüngen zur Superlative. Aber die grenzenlose moralische Entrüstung, der Rückzug der Sponsoren, die obsessive Darstel-

lung noch der intimsten Details in den Medien unter
dem Vorwand der Informationspflicht stießen die meisten Europäer vermutlich eher ab. Vollends absurd
wurde es beim US-Abgeordneten Anthony Weiner,
der unter dem enormen Druck der Öffentlichkeit
seinen Sitz im Kongress räumen musste. Was war
konkret geschehen? Er hatte Online-Kontakte mit
Frauen gepflegt und dabei ein Bild verschickt, auf
dem ein sich unter einer Unterhose abzeichnendes
männliches Geschlechtsorgan zu sehen war. Er trete
zurück, erklärte er, »damit meine Frau und ich die
Wunden heilen können, die ich verursacht habe«.
Der vorläufig letzte, der über einen Seitensprung
stolperte, war der hochdekorierte US-General und
CIA-Chef David Petraeus. Warum musste das FBI
die Affäre publik machen und ihn damit zum Rücktritt drängen? Im Interesse der nationalen Sicherheit!
Come on!

In den USA hat sich inzwischen eine richtige
Ehebruch-Industrie entwickelt. Allgemein gehen die
Amerikaner davon aus, dass man einen Seitensprung
aus Gründen der Aufrichtigkeit, des Respekts und
des Vertrauens gegenüber dem Partner unbedingt
beichten sollte. Anschließend muss man zusammen – am besten mit einem Therapeuten – noch einmal minutiös alle Stationen der Affäre durchgehen
und jedes Detail »durcharbeiten«. Erst dann kann
man – aufrichtig – bereuen und um Verzeihung bitten. Aber das ist ein Prozess, der oft Jahre dauert

und Tausende Dollar kostet. Zu Scheidungen kommt es trotz der intensiven Trauerarbeit dann doch oft. Beliebt ist in diesem Zusammenhang seit einigen Jahren die Diagnose »Sexsucht«. Wer zugibt, »krank« zu sein, kann damit rechnen, milder beurteilt zu werden. Auch Tiger Woods arbeitete monatelang in einer Sexklinik an seiner »Heilung«.

Die amerikanische Rigidität in puncto Bettgeschichten erstaunt. Sind die Vereinigten Staaten nicht das Reich der Freiheit? Tatsächlich gehen Amerikaner nicht mehr und nicht weniger fremd als die meisten Angehörigen der Industrieländer. In Europa und den USA liegt das Risiko, vom Ehepartner im letzten Jahr betrogen worden zu sein, ziemlich durchgehend bei etwa drei Prozent. (Lediglich in Norwegen sind die Zahlen markant höher. Das liegt, wie Spaßvögel behaupten, im Sommer an der Mitternachtssonne und im Winter an den langen Nächten.) Aber der Umgang damit variiert von Land zu Land extrem. Bekanntlich verfassten die Untersuchungsrichter über die zehn mutmaßlichen sexuellen Begegnungen zwischen Lewinsky und Clinton einen 445 Seiten langen Report – einen pedantischen Softporno, über den die Nation wochenlang debattierte; und als Baseball-Star Kobe Bryant 2003 mit einer Neunzehnjährigen in einem Hotelzimmer erwischt wurde, trat er unter Tränen vor die Presse, drückte die Hand seiner Gemahlin, schaute ihr tief in die Augen und sagte mit bebender Stimme: »Ich sitze hier vor euch – wütend auf mich selbst, angewidert von mir selbst, weil ich den Fehler begangen habe, Ehebruch zu begehen.«

Andere Länder nehmen's lockerer

*B*ei solchen Szenen kann der Franzose nur den Kopf schütteln. Im September 2009 veröffentlichte Ex-Präsident Giscard d'Estaing den Roman *Der Präsident und die Prinzessin*, in dem er Gerüchten über eine angebliche Affäre mit Lady Di neue Nahrung gab.

Jeder Franzose war über die langjährige Liaison von Giscard d'Estaings Nachfolger Mitterrand mit Anne Pingeot unterrichtet. Die gemeinsame, uneheliche Tochter Mazarine stand bei Papas Begräbnis neben seinen beiden legitimen Söhnen. Und auch die Geschichte von Sarkozy, seinen Affären (unter anderen – angeblich – mit einer Chirac-Tochter), seinen drei Ehen, der Trennung von Cécilia während des Wahlkampfs, der *Amour fou* mit Carla Bruni … genüsslich wird sie in den Bistros und den Zeitungen verhandelt, von Empörung ist kaum etwas zu spüren. Sogar bei Strauss-Kahn, wo es immerhin – vermutlich – nicht um einvernehmlichen Sex ging, war von französischer Seite eher Empörung über die übereifrige amerikanische Justiz als über den damaligen IWF-Präsidenten zu vernehmen.

Offenbar gehen durchschnittliche Franzosen nicht häufiger fremd als Amerikaner oder Schweizer, aber sie genießen es mehr. Sie schämen sich nicht, sondern brüsten sich eher noch mit ihren Abenteuern. Wo man jedoch definitiv häufiger »über den Zaun frisst«, das ist in Russland und China. Die Russen sehen im Seitensprung nicht etwa eine Gefährdung der Ehe, sondern im Gegenteil den Garant für ihren Fortbestand.

Im Buch *Fremdgehen* von Pamela Druckerman, die dem Phänomen rund um die Welt nachspürt, äußert ein russischer Handelsvertreter: »Eine gute Liebesaffäre stabilisiert eine Familie. Denn durch neue Beziehungen lösen sich die ganzen Probleme innerhalb der Familie in Luft auf. Wenn man mit einer anderen Frau zusammen war, hat man Schuldgefühle gegenüber seiner Frau und fängt an, sie besser zu behandeln.« Was dann, so könnte man die Logik weiterspinnen, dazu führt, dass auch die Gemahlin einen wieder besser behandelt und aus der Abwärts- eine Aufwärtsspirale wird. Während des Kommunismus waren Seitensprünge schwieriger als heute. Praktiziert wurden sie trotzdem. »Sex war das Letzte, was uns blieb und was sie uns nicht nehmen konnten«, erinnert sich der Herausgeber der russischen *Playboy*-Ausgabe. »Jeder hatte Affären mit jedem. Moskau war die erotischste Stadt der Welt.«

In China war bis zu Maos Tod 1976 alles Erotische als bourgeois gebrandmarkt war. (Bloß der große Fährmann selbst verlustierte sich oft mit vier, fünf

Frauen gleichzeitig im Bett und verglich sich gerne mit den alten Kaisern, die sich gelegentlich Tausende Konkubinen hielten.) Heute ist in den großen, modernen Städten wie Shanghai Romantik en vogue. Wer plausibel machen kann, dass er aus Liebe und Leidenschaft fremdgegangen ist, kann mit Nachsicht rechnen.

Das in sexueller Hinsicht wahrscheinlich seltsamste Volk der Erde sind die Japaner. Doppelbetten sind dort nicht erhältlich. Ist auch nicht nötig, denn in der japanischen Ehe ist Sex außer zur Fortpflanzung praktisch nicht vorgesehen. Ist das Kind da, zieht die Mutter mit ihrem Futon ins Babyzimmer. Die Männer gehen unterdessen mit ihren Arbeitskollegen nach Feierabend in die sogenannten Hostessen-Bars. »Es gibt Männer«, äußert eine Japanerin in *Fremdgehen*, »die der Ansicht sind, man solle Sex und Arbeit nicht nach Hause bringen.«

Zwar wird Erotik nirgendwo so raffiniert inszeniert wie in Japan, in Filmen, Mangas, Literatur und perfekt ausgestatteten Lokalen für jede noch so ausgefallene Fantasie, aber in Wirklichkeit hätten Japaner wohl generell nicht so viel Sex, befindet Druckerman.

Umgekehrt ist es in Afrika. Da wird zwar kaum über Sex und Liebe geredet – aber praktiziert. Nicht umsonst besteht die obere Hälfte der weltweiten Untreue-Statistik praktisch nur aus afrikanischen Ländern. Gelegentlich wird behauptet, Polygamie (und auch Prostitution) schütze die Ehe, weil der männliche Sextrieb damit in geordnete Bahnen gelenkt werde. In Afrika ist Polygamie zwar weit verbreitet, aber es besteht ein fließender Übergang zwischen Nebenfrauen, Freundinnen und Prostituierten. Eine Prostituierte kann zur Freundin werden, eine Freundin zur Frau. Und irgendeine Art »Bezahlung« gehört sowieso immer zum Sex. Ein solches Geschenk gilt nicht als ehrenrührig, sondern im Gegenteil als handfester Liebesbeweis, als »Honorierung«. Studentinnen vor allem im südlichen Afrika lassen sich gerne vom festen Freund die Miete bezahlen (der »Wohnungsminister«), von einem Lover den Strom (der »Energieminister«) und von einem älteren »Sugar Daddy« die Studiengebühren (der »Bildungsminister«). Vielleicht gibt es dann auch noch einen jungen Verehrer, der gelegentlich Lebensmittel vorbeibringt (der »Lunchboy«). »Man geht nicht ohne Reservepneu auf die Reise«, sagen die Frauen, und »man kann nicht jeden Tag Reis essen«, die Männer. Das kann zwar zu Streitereien führen, und ist – im Zeitalter von Aids – riskant, aber als moralisch verwerflich betrachtet solche »Parallelbeziehungen« kaum jemand.

Pamela Druckerman ist am Ende ihrer Tour d'horizon durch die Welt des Fremdgehens offensichtlich nachsichtiger geworden als das Gros ihrer amerikanischen Landsleute, für die die unausweichliche Konsequenz aus einem Seitensprung normalerweise »Scheidung« lautet.

Die westliche Strenge im Ahnden von Untreue

stellt weltweit offenbar eher einen Sonder- als einen Normalfall dar. Das ist angesichts der hiesigen Scheidungs- und Wiederverheiratungsraten besonders paradox. Aber offenbar klammern wir uns umso mehr ans Ideal der immerwährenden, exklusiven Zweierbeziehung, je mehr sie aus der Realität verschwindet. Was die Situation dabei besonders beengend macht ist, dass bei uns im Gegensatz zu früher der Seitensprung nicht nur einen gesellschaftlichen Verstoß darstellt, den es nach Möglichkeit zu verstecken gilt, sondern einen psychologischen Makel. Wir haben die klassisch-bürgerliche gesellschaftliche Ächtung des Fehltritts so verinnerlicht, dass wir sogar bei einem unverheirateten Paar heute strengere Maßstäbe anlegen, als das früher bei Eheleuten der Fall war. Der oder die Untreue muss sich heute nicht nur moralische Vorhaltungen gefallen lassen, sondern auch Fragen nach der Reife, der Beziehungsfähigkeit oder sogar nach einer allfälligen Sexsucht.

Dabei würde vergessen, schreibt Druckerman abschließend, »dass Affären eben deshalb aufregend sein können, weil man verheiratet ist. Manchmal wollen wir gebunden *und* frei sein.«

Waren die Sitten früher strenger?

*G*erne wird von Moralisten behauptet, wir lebten in einer besonders verdorbenen, amoralischen, freizügigen, permissiven oder dekadenten Zeit. Für Alkohol zumindest gilt das, wie gesagt, eindeutig nicht. Die Forscher sind sich einig, dass früher bedeutend mehr gesoffen wurde. Aber auch was den angeblichen sexuellen »Sittenzerfall« betrifft, waren frühere Generationen eher nachsichtiger als wir. Man darf sich von wachsenden äußeren Freiheiten nicht täuschen lassen. Diese Liberalität ist oft nur deshalb möglich, weil die Menschen die herrschenden Normen zunehmend verinnerlichen, sich also selber unterdrücken, sodass sie gar keine äußere Autorität mehr brauchen. Sigmund Freud mit *Das Unbehagen in der Kultur* oder Norbert Elias mit *Über den Prozess der Zivilisation* geben davon beredt Zeugnis.

Nehmen wir zum Beispiel »Sex mit Minderjährigen«. Das Thema nimmt momentan ja auch etwas hysterische Züge an. In Zürich dürfen die Nikoläuse jetzt keine Kinder mehr auf den Schoß nehmen, wegen des Missbrauchsrisikos. Als Roman Polanski im

Herbst 2009 in Zürich verhaftet wurde, weil er 1977 als Vierundvierzigjähriger Sex mit der damals dreizehnjährigen Samantha Geimer hatte, behauptete ein Kommentator, früher hätte man »mit so einem kurzen Prozess gemacht«. Stimmt das? War man diesbezüglich in der guten, alten Zeit strenger? Schaut man in der Kulturgeschichte ein bisschen zurück, ist es auffällig, wie viele Künstler in Liebesaffären mit minderjährigen Mädchen oder auch Knaben verstrickt waren, die ihnen als Musen dienten, als (vermeintlicher) Kanal zu unverdorbener, unverbildeter Kreativität. Ich möchte hier kein Plädoyer für Pädophilie präsentieren, und es liegt mir fern, diese Beziehungen zu idealisieren. Es geht mir nur darum, die These, wir lebten in einer besonders »verkommenen« Zeit, etwas zu entkräften und zu zeigen, dass die »natürliche« Abscheu vor sexuellen Beziehungen mit Minderjährigen nicht immer und überall empfunden wurde.

Sophie von Kühn war zwölf, als sie dem zweiundzwanzigjährigen Novalis, dem großen Dichter der Romantik, zum ersten Mal begegnete. Novalis war hingerissen von ihr. »Eine Viertelstunde hat über mein Leben entschieden«, schrieb er in einem Brief. Schon wenige Monate später verlobte er sich mit ihr. Eine Mittlerin zwischen der irdischen und der himmlischen Welt sah der Poet in ihr, und er wünschte sich, die ganze Welt wäre so vollkommen wie sie. Drei Jahre später, 1797, starb sie an Tuberkulose. Novalis' Hauptwerk, die *Hymnen an die Nacht*, sind ihrem Andenken gewidmet.

Virginia Clemm war die Cousine des Schreckensschriftstellers Edgar Allan Poe. Er heiratete sie, als sie dreizehn war und er siebenundzwanzig. Auch sie starb früh an Tuberkulose, im Jahr 1847, mit fünfundzwanzig Jahren. Poe ertränkte seinen Schmerz in Alkohol. Sterbende junge Frauen wurden ein wiederkehrendes Motiv, ja eine Obsession in seinem Werk.

Einer der kuriosesten Fälle künstlerischer Kindsanbetung ist der des 1785 geborenen Thomas de Quincey (*Bekenntnisse eines englischen Opiumessers*). Es gab drei große Tragödien in seinem Leben. Die erste war der Tod seiner geliebten Schwester, als er sieben war. Die zweite der Verlust von Ann, einer fünfzehnjährigen Prostituierten, in die er sich als Ausreißer in London verliebt hatte. Wenig später zog er in die Nähe des von ihm verehrten Dichters William Wordsworth und entwickelte eine abgöttische Hingabe an dessen Tochter Kate, die mit drei Jahren (!) starb. Das war die dritte Tragödie. Nach dem Tod seines Idols flüchtete er sich ins Opium und in die Ehe mit einer Bauerntochter, die allgemein als Mesalliance betrachtet wurde.

Als Paradepädophiler unter den Malern gilt allerdings der 1908 geborene Balthus, zumindest was seine Bilder angeht. Aber auch sein reales Liebesleben führte er hart an der Grenze zum Legalen. Er war bereits achtunddreißig, als die sechzehn Jahre junge Laurence Bataille seine Geliebte wurde, und mit achtundvierzig bandelte er mit seiner Nichte Frédérique Tison an, ebenfalls sechzehn. Mit neunundfünfzig heiratete er die fünfundzwanzigjährige Japanerin Setsuko Ideta. Einmal spannte er seinem Teenager-Sohn die Freundin aus, und berühmtberüchtigt ist sein Ausspruch, mit dreizehn sei ein Mädchen bereits ein altes Kamel, das seinen Zenit überschritten habe.

Auch in andern Kulturen waren oder sind die Toleranzgrenzen oft weiter gesteckt als bei uns. So war bei den alten Griechen die Knabenliebe bekanntlich gang und gäbe, und niemand fand etwas Anrüchiges an einem Paar wie Sokrates und Alkibiades. Auch als der dreiundvierzigjährige Maler Paul Gauguin sich 1891 nach Tahiti einschiffte und dort eine Dreizehnjährige als Freundin und Modell nahm, empfanden die Einheimischen das offenbar nicht als anstößig.

Eine Spezialität Frankreichs (schon wieder!) ist es, Intellektuellen und Künstlern besonders viel nachzusehen, einfach weil man annimmt, dass sie ein bisschen anders sind und für ihre Kreativität auch besonders viel Freiheit bräuchten. Eigentlich erwartet man von einem Genie geradezu, dass es Grenzen – auch juristische – überschreitet.

Nach der Verhaftung Polanskis war auffällig, wie

vehement sich sogar die obersten Chargen der Grande Nation für ihn einsetzten. Präsident Nicolas Sarkozy, Außenminister Bernard Kouchner und Kulturminister Frédéric Mitterrand (»eine absolut fürchterliche Affäre!«) stellten sich geschlossen hinter den Regisseur.

»Einen Voltaire verhaftet man nicht«, äußerte de Gaulle, als Jean-Paul Sartre bei einer Demonstration 1968 illegale, linksextreme Zeitungen verteilte und einige seine Festsetzung forderten.

Voltaire selbst schmorte 1726 in der Bastille, weil er einen Adligen beleidigt hatte. Der König begnadigte ihn unter der Bedingung, dass er Frankreich verlasse. So emigrierte der große Aufklärer nach England, aber es sollte nicht das letzte Mal sein, dass er wegen Konflikten mit dem Gesetz auf der Flucht war.

In der französischen Geistesgeschichte wimmelt es von »poètes maudits« und »libertins«, von Künstlern am Rande der Gesellschaft, zwischen Gefängnis, Psychiatrie und Untergrund, aber auch von königlichen und präsidialen Gnadenakten.

Jean Genet, Verfasser von *Querelle* und anderen Werken, in denen seine Homosexualität und seine Bewunderung für das Verbrechen ziemlich unverblümt zur Sprache kommen, schrieb hauptsächlich im Gefängnis. Er wurde unter anderem eingekerkert wegen Desertion, Passfälschung, unerlaubtem Waffenbesitz, Landstreicherei und Diebstahl. Den ersten

Anwalt bezahlte ihm 1943 der Dichter Jean Cocteau. Ins Gefängnis wanderte er trotzdem wieder. 1948 ersuchten Sartre und Cocteau den Präsidenten Vincent Auriol um Begnadigung, Picasso erbot sich sogar an, anstelle Genets ins Gefängnis zu gehen. Tatsächlich wurde der Outlaw-Schriftsteller, dem inzwischen lebenslänglich drohte, auf freien Fuß gesetzt. Damit versiegte allerdings auch mehr oder weniger seine Schöpferkraft.

Cocteau selber, der sich neben seinen Gedichten als Filmer hervorgetan hatte (*Orphée*), war auch nicht gerade ein Unschuldslamm. Ein halbes Leben lang war er opiumabhängig, seine große Liebe Raymond Radiguet, das literarische Wunderkind, Autor des Romans *Der Teufel im Leib*. Cocteau hatte ihn sowohl ins Schreiben wie in die Freuden der Homosexualität eingeführt, im zarten Alter von fünfzehn Jahren. »Liebestoller Herkules« und »Fruchtbarkeitsengel« nannte er ihn. Mit zwanzig starb Radiguet an Typhus, und Cocteau wandte sich wieder dem Opium zu.

Nicht ohne war auch die Karriere von Paul Verlaine. Der Dichter war für seine sublimen Verse ebenso wie für seine Alkoholexzesse und Gewalttätigkeit berühmt. Wiederholt hatte er seine Frau misshandelt und 1869 sogar zwei Mordversuche an seiner Mutter unternommen, die ihn jeweils durchfütterte, wenn er mal wieder all sein Geld für Prostituierte und Absinth ausgegeben hatte. Ein paar Jahre später stürzte er sich in eine leidenschaftliche Affäre mit dem siebzehnjährigen Dichter Arthur Rimbaud. Im Laufe eines Streites schoss er auf ihn, verletzte ihn jedoch nur am Handgelenk. Er wurde verurteilt, aber nach anderthalb Jahren vorzeitig aus dem Gefängnis entlassen. Darauf begann er zu unterrichten, wurde aber wegen sexueller Beziehungen zu seinen Schülern gefeuert. Seine Mutter kaufte ihm einen Bauernhof, den er in kurzer Zeit ruinierte. Er kehrte ins Elternhaus zurück, wo er bald schon erneut versuchte, seine Mutter zu erwürgen, was ihm abermals eine Haftstrafe eintrug. Heute thront er im Olymp der französischen Nationaldichter.

1937 reiste der morphiumsüchtige Schriftsteller Antonin Artaud (*Die Nervenwaage*) nach Irland, weil er die Apokalypse nahen fühlte. Er besaß einen alten, knorrigen Stab, den er dem irischen Volk als Fanal-Zeichen zur endgültigen Revolution überbringen wollte. Stattdessen landete er nach diversen Schlägereien als Obdachloser im Dubliner Gefängnis und wurde von dort in seine französische Heimat repatriiert. Auf der Überfahrt griff er zwei Mitarbeiter der Schiffscrew an. In einer Zwangsjacke landete er schließlich im Spital von Le Havre. Die nächsten neun Jahre war er in diversen psychiatrischen Kliniken interniert, bis er 1946 dank seiner einflussreichen Künstlerfreunde Breton, Leiris, Giacometti und Braque frei kam.

Der Prototyp des souveränen Künstlers, des Libertin, der sich jenseits von Gut und Böse situiert, ist der Marquis de Sade (*Justin und Juliette*). Zum ersten Mal verhaftet wurde er aufgrund der Vorwürfe einer gewissen Rose Keller, sie sei von ihm ausgepeitscht worden. Als ihr der Marquis eine Entschädigung bezahlte, zog sie ihre Anklage zurück. Der folgende Vorfall erinnert frappant an Polanskis Vergehen. Zwei Frauen gaben an, sie hätten von ihm Kantharidenbonbons (ein Aphrodisiakum aus Spanischer Fliege) erhalten und seien so für Analverkehr und Gruppensex gefügig gemacht worden. De Sade wurde zum Tod verurteilt, entkam jedoch der Vollstreckung durch die Flucht nach Italien. Auf die Reise nahm er seine junge Schwägerin, ein Stiftsfräulein, mit.

Anthropologischer Exkurs: Überschreitung als Voraussetzung von Kultur

*W*as können wir aus diesen Fällen lernen? Kreativität, Intensität, Lust und Genuss haben mit Übertretung zu tun, mit dem Überschreiten von Grenzen. Rausch hängt mit Lernen, mit Neugier, mit dem Aufbruch ins Unbekannte zusammen. Der Hirnforscher Manfred Spitzer sagt, das hirneigene Belohnungssystem mit dem glücklichmachenden Botenstoff Dopamin sei im Laufe der Evolution entstanden, um die Menschen lernbegierig zu machen. Befriedigung stellt sich ein, wenn wir es schaffen, etwas Neues zu beherrschen. Dank dieser Rausch-Belohnung probieren wir – im Unterschied zu Tieren – immer wieder anderes aus und machen Dinge möglich, die vorher als unmöglich galten. Es ist diese interne Rausch-Belohnung, die uns dazu antreibt, immer wieder aufzubrechen. Kein Fortschritt ohne diese Abenteuerlust, dieses Risiko der Entgrenzung, diesen Kontrollverlust, dieses Ausscheren aus dem bequemen Bekannten.

Es geht hier nicht einfach um ein Lob der Betrunkenheit, des Fressens, der Prostitution, der Pädophilie, des Seitensprungs ... Aber um die Erinnerung daran, dass Grenzüberschreitung nicht das Gegenteil von Kultur ist, sondern deren Kern.

Die menschliche Entwicklung verläuft zentrifugal. Das gilt sowohl für den individuellen Menschen wie für die Menschheit als Ganze. Der Horizont der Wahrnehmung und des Möglichen erweitert sich, beständig schreiten wir vom Bekannten zum Unbekannten, vom Eigenen zum Anderen. Aber zugleich gibt es die gegenläufige Tendenz: Strategien der Ausschließung, Angst vor dem Neuen, Hang zur Rückbesinnung, Heimweh, Sehnsucht nach Sicherheit und Geborgenheit. In den Worten des französischen Philosophen Gilles Deleuze: Sowohl Deterritorialisierung wie auch Reterritorialisierung. In den Worten der Psychoanalyse: Sowohl Inzestverbot oder Inzestscheu wie auch inzestuöse Strebungen. In den Worten der Ethnologie: Sowohl Exogamie- wie auch Endogamiegebote.

Während beim Säugling das überlebensnotwendige Bedürfnis nach Versorgtwerden überwiegen dürfte, melden sich doch schon bald andere Regungen in Richtung Radiuserweiterung, Exploration, Autonomie. Am stärksten wird der Impuls fortzugehen dann in der Pubertät. Er äußert sich dort zugleich in der Ablehnung der Herkunftsfamilie wie in einer intensiven Faszination durch das Andere. Der

»Ödipuskomplex« bezeichnet also nicht nur ein sexuelles Drama, sondern die umfassende Bewegung weg vom Familiär-Vertrauten, aus dessen Verstrickung man sich nichtsdestotrotz nie ganz lösen kann.

Das spiegelt sich in den Heiratsregeln: Jede Gesellschaft formuliert Exogamiegebote. Das heißt, man muss außerhalb der eigenen Gruppe heiraten. Wie eng (Kernfamilie) oder weit (eigener Clan, eigenes Dorf, eigene Namensgemeinschaft) diese Gruppe definiert wird, ist kulturspezifisch. Zugleich gibt es jedoch auch Endogamiegebote, die das allzu wilde Ausscheren begrenzen. Allianzen mit geografisch, kulturell, ökonomisch oder standesmäßig allzu weit entfernten Partnern oder Partnerinnen werden oft beargwöhnt oder sanktioniert (»mésalliances«).

Beim Ethnologen Claude Lévi-Strauss wird das Inzestverbot (beziehungsweise das Exogamiegebot) zur Grundvoraussetzung von Kultur. Denn der Zwang, außerhalb der eigenen Bezugsgruppe zu heiraten, ermutigt die Lust auf Neues gegenüber dem passiven Verharren im Bekannten. Er führt dazu, dass Frauen und Männer zwischen den Gesellschaften »ausgetauscht« werden. Das befördert die Kommunikation, die erweiterte Gemeinschaftsbildung und den allgemeineren Tausch (von Genen über Ideen bis zu konkreten Gütern). Handel und Wandel, wie man so schön sagt. Kultur ist eigentlich immer Kulturaustausch, und was würde sich besser als

Magnet und Motor dieser Bewegung eignen als die Sexualität.

In welchem Mischungsverhältnis das Festhalten am Althergebrachten und die Neugierde auf anderes stehen, ist nicht nur je nach historischer Epoche, nach Gesellschaft und nach Lebensphase verschieden, sondern hängt auch von der individuellen Ausprägung ab. Manche Menschen haben eine unstillbare Neugierde auf »Informationen«, Neues, Abenteuer, Entdeckungen, Begegnungen, Abwechslung und Fremdes. Es ist, als ob nicht nur ihr Geist, sondern der Körper selbst einen Hunger nach unaufhörlichem »Thrill« verspürte. Bei anderen ist das Bedürfnis nach Aufgehobensein, Wärme, Geborgenheit und Vertrautheit ausgeprägter. Es geht, wie es der Psychologe Norbert Bischof (*Das Rätsel Ödipus*) ausdrückt, um den Urkonflikt zwischen Sicherheit und Erregung, zwischen Intimität und Autonomie, zwischen Ruhe und Reiz.

Einer, der sein Glück zweifellos eher auf der Abenteuerseite fand, war Victor Segalen (1878 – 1919). Davon zeugen schon die vielfältigen Tätigkeiten des Bretonen: Er war Marinearzt, Archäologe, Ethnologe, Dichter, vor allem aber Reisender: In der Südsee folgte er den Spuren Gauguins, in Äthiopien erkundete er die letzten Stationen Rimbauds. Besonders aber vertiefte er sich in die Welt Chinas, wovon sein Buch *Der chinesische Kaiser oder Sohn des Himmels* und der Reisebericht mit dem bezeichnenden Titel *Aufbruch in das Land der Wirklichkeit* Zeugnis ablegen. Eine seiner faszinierendsten Studien ist *Die Ästhetik des Diversen – Versuch über den Exotismus*, auch wenn es ein schmales Fragment geblieben ist: ein Loblied auf das Fremde, das Überraschende, das Unerwartete – auf die Wonnen der rätselhaften Kollision.

»Ich habe dir gesagt, wie glücklich ich in den Tropen war. In Polynesien habe ich zwei Jahre lang vor Freude schlecht geschlafen. Und wenn ich morgens aufwachte, hätte ich manchmal am liebsten geweint, so trunken vor Freude war ich über den kommenden Tag. Nur die Götter der Lust wissen, wie beim Erwachen der Tag und das ungebrochene Glück angekündigt werden, das der Tag nicht zu bemessen vermag. Ich habe unbändige Freude durch meine Muskeln fließen gespürt. Das Denken wurde mir zur Lust. Die ganze Insel gab sich mir hin wie eine Frau.«

Wie wohltuend ist diese Schwärmerei Segalens – angesichts all der Reden über Mühsal und Risiken der Migration, über Kulturkonflikte, die Gefahren der Globalisierung, Xenophobie usw. Nicht zufällig taucht im letzten Satz die Assoziation von Erotik und Exotismus auf. An anderer Stelle notiert er dazu: »Der Exotismus der Geschlechter. Der tiefe Graben, der die Geschlechter trennt, der große Unterschied, die ganze Unvereinbarkeit bricht hervor, schreit, weint, schluchzt voller Liebe oder Verdruss. Und jener Wahn der Liebenden, durch ein Wunder eins werden zu wollen, der ebenso maßlos ist wie der Wunsch des Yogi, sich in Brahma zu versenken.«

Reisen hängt für Segalen mit dem Wunsch zusammen. Was ihn am Fremden fasziniert, ist nicht Annäherung, Vertrautwerden, Übersetzung, Aneignung, sondern die schroffe Erfahrung des Inkommensurablen: »Wir werden nicht die ›Unverständlichkeiten‹ beklagen, sondern sie im Gegenteil aufs Höchste loben.« Das heißt: Kommunikation und Beziehung ja (denn die sind nur zwischen Verschiedenen sinnvoll), aber keine Angleichung, und schon gar nicht Verschmelzung.

Die türkische Autorin Asli Erdogan (*1967) machte in Rio de Janeiro eine ähnliche Erfahrung wie Segalen. Wie für ihn die polynesische Insel begegnet ihr im Roman *Die Stadt mit der roten Pelerine* Rio als ein riesiger erotischer Körper: »Es dauerte Minuten, bis sie sich wieder gefasst hatte. Ihre Hände zitterten, das Herz schlug ihr bis zum Hals. Sie war schweißgebadet. Ein nicht vollendeter Todestanz, der einem Koitus interruptus glich. Mit Beben, Krampfen und Zucken versuchte der nicht zum Höhepunkt gelangte Körper sich der aufgestauten Energie zu entledigen. Sie hatte einen weiteren Flirt, ein weiteres Liebesspiel, eine weitere Capoeira mit der Stadt mit der roten Pelerine überstanden.«

Auf den Zusammenhang von Emigration und Erotik (kurz: auf das Abenteuer der radikalen Exogamie) weist auch Julia Kristeva in *Fremde sind wir uns selbst* hin:

»Sich von seiner Familie, seiner Sprache, seinem Land losreißen, um sich anderswo niederzulassen, ist ein Wagnis, das mit sexueller Frenesie einhergeht: Kein Verbot mehr, alles ist möglich. Es ist unwichtig, ob der Grenzübertritt von Ausschweifung oder, im Gegenzug, von ängstlichem Rückzug gefolgt wird. Stets impliziert das Exil eine Explosion des alten Körpers.«

Wie zur Illustration von Kristeva schreibt Erdogan: »Mit naiver Kühnheit gab sie sich der Leidenschaft hin; mit der Schamlosigkeit eines Emporkömmlings. In betörenden und beliebigen Umarmungen kostete sie die spät entdeckte Trunkenheit des Körpers. Sie ließ sich von romanischen Namen wie Fernando, Roberto, Rodrigo verführen, die immer mit einem weichen ›o‹ endeten und wie Gitarren klangen.«

Schon häufig wurde in der Forschung ein Zusammenhang zwischen Rassismus und Sexismus (verstanden als ablehnende Entwertung des anderen Geschlechts und von Sexualität überhaupt) postuliert. Die Idee ist, dass die Ablehnung eines andersfarbigen und eines andersgeschlechtlichen Körpers zusammenhänge. Vor dem Hintergrund des bisher Gesagten wäre beides Ausdruck eines mangelnden Abstands zur Herkunftsfamilie, einer inzestuösen Fixiertheit auf Bekanntes. Man könnte sich fragen, inwiefern auch die gegenwärtige Verbotswut, die sich auf alles einschießt, was nach Überschreitung riecht, solchen regressiven Lebensängsten unterliegt. Umgekehrt könnte man eine Verbindung postulieren zwischen einer positiven Einstellung gegenüber kulturell, körperlich und geschlechtlich anderen, also einen Zusammenhang zwischen Xenophilie und Erotophilie, zwischen der Freude und Faszination am Fremden und an der Erotik. Segalen und Erdogan wären faszinierende Beispiele für solche exogamie- und erregungsorientierte Persönlichkeiten. So wie generell Reisende und Migranten als mutige Avantgarde, als Vorposten einer immer radikaleren Inzestvermeidung und Exogamie (im weitesten Sinne) gelten können, die den Kreis derer, denen man begegnen, mit denen man kommunizieren, sich austauschen und die man sogar leidenschaftlich lieben kann, immer mehr erweitern.

»Vergewaltigung«:
Der Fall Assange

*W*as uns jede Woche wieder neu als der ultimative, nie dagewesene Skandal, als Symptom des endgültigen, absoluten Niedergangs aufgetischt wird, gehört seit Jahrhunderten zur menschlichen Tragikomödie.

Nehmen wir zum Vergleich zu den historischen Exzessen nun den aktuellen Fall einer angeblichen Überschreitung, denjenigen von Julian Assange. Wirkte die Affäre um die angebliche Vergewaltigung von zwei Schwedinnen durch den Wikileaks-Kopf nicht wie eine pedantische Satire auf Gender-Diskurs und Gleichstellungsfuror?

Als »gefährlichster Mann der Welt« wurde Assange bezeichnet. Und dann ist es am Ende möglicherweise ein nicht verwendetes Kondom, das ihn zu Fall bringt!

Es begann am 14. August 2010, als Julian Assange einen Vortrag in Stockholm hielt. Gemäß *FAZ* und anderen Zeitungen saßen in der vordersten Reihe zwei Assange-Verehrerinnen: Die erste, eine feministische Sozialdemokratin, hatte ihn nach Schweden eingeladen und figurierte als sein »Pressekontakt«; die zweite, eine Fotokünstlerin, war gekommen, um Bilder von ihm zu machen. Nach dem Vortrag und einem gemeinsam verbrachten Fest schlief Assange bei und mit der Sozialdemokratin. Dann rief ihn die Fotografin an. Sie fuhren zusammen aufs Land und hatten ebenfalls Sex. Beim ersten Mal geschützt, dann ungeschützt. Sie gingen freundschaftlich auseinander, und Assange kehrte in die Wohnung der Sozialdemokratin zurück. Beide Frauen schwärmten per SMS und Twitter von ihrer berühmten Eroberung. Die Fotografin versuchte, Assange telefonisch zu erreichen. Als das nicht klappte, rief sie die Sozialdemokratin an, die so von seinem »Seitensprung« erfuhr. Auf einmal hatten die beiden Angst, dass Assange sie vielleicht mit Aids infiziert hätte, und gingen zur Polizei. Eine Fahndung wegen Vergewaltigungsverdacht wurde eingeleitet, aber am nächsten Tag wieder eingestellt.

Dann erwirkte die Staatsanwältin Marianne Ny einen neuen Haftbefehl. Nach schwedischem Recht muss sich ein Opfer nicht wehren, damit eine Vergewaltigung vorliegt. Es reicht aus, dass eine Drohung empfunden wird. Und Ny betonte denn auch, dass es für eine Anklageerhebung genüge, wenn sich eine Frau nach dem Sex unwohl oder ausgenutzt fühle.

Ny war schon früher durch eine harte Linie aufgefallen. So forderte sie beispielsweise, Männer, die von Frauen der Gewalttätigkeit beschuldigt werden, in jedem Fall vorsorglich einzusperren. Im Januar 2010 veröffentlichte sie in ihrem Blog eine Übersetzung von Anna Ardins *7 Steps to Legal Revenge*, einem Ratgeber, wie man es anstellt, dass gegen einen Mann, an dem man sich rächen will, Anklage erhoben wird.

Der Anwalt der beiden Frauen, Claes Borgström, bezeichnet sich selbst als »Feminist«. Von 2000 bis 2007 war er Gleichstellungs-Ombudsmann. Er sah sich als »Anführer einer staatlichen Befreiungsbewegung«. Dabei verlangte er unter anderem Gefängnisstrafen für Freier. 2006 forderte er zum Boykott der Fußball-Weltmeisterschaft in Deutschland auf – um sich nicht indirekt mitschuldig an Prostitution und Menschenhandel zu machen.

Inzwischen ist die Rede davon, die beiden Frauen seien »sexuell angegriffen« worden – obwohl beide zu Protokoll gaben, der Sex sei einvernehmlich gewesen. Und Assange könnte mit bis zu vier Jahren Gefängnis bestraft werden.

Es gibt keinen anderen Staat in Europa, in dem es prozentual zu so vielen Anzeigen wegen Vergewaltigung kommt wie in dem als fortschrittlich, liberal und gleichberechtigt geltenden Schweden. Die *Herald Tribune* zitierte einen schwedischen Strafverteidiger mit den Worten, bald brauche man eine schriftliche Einwilligung für Sex. Aber streng genommen reicht das auch nicht aus: Trotz der vorgängigen

Abmachung fühlt sich die Frau vielleicht am Ende doch plötzlich etwas unwohl und erstattet Anzeige.

Natürlich hat die Geschichte eine ironische Dimension. Hämisch könnte man darauf hinweisen, dass Assange, als Verfechter kompromissloser Transparenz, der all die inoffiziellen, undiplomatischen Äußerungen der Diplomaten ans Licht der Öffentlichkeit gezerrt hat, nun selber Opfer einer Ideologie geworden ist, die keine Privatsphäre akzeptiert. Die Frage, ob in besagter Nacht das Kondom geplatzt sei oder ob Assange selbst es – ohne explizite Einwilligung der Frau – entfernt habe, wird minutiös rekonstruiert und vom Zeitungsleser genüsslich verfolgt. Ebenso paradox ist jedoch, dass die Affäre Symptom eines Gender-Wahns ist, der in seinem Empowerment-Furor das überholte Bild der Frau als hilfloses, passives Opfer transportiert, die offenbar nicht fähig ist, einem Mann schlicht und einfach »nein« zu sagen. Mit solchen Haarspaltereien und einer solchen Verwässerung des Vergewaltigungsbegriffs erweist man tatsächlich vergewaltigten Frauen einen schlechten Dienst.

Wieder mal die Prostitution skandalisieren

Ähnlich liegt der Fall bei der Prostitution. Seit einiger Zeit beobachtet man in der westlichen Welt eine Empörung, als hätte man erst vor kurzem mit Schrecken entdeckt, dass es Huren gibt. Dieses Mal wird der Kreuzzug aber nicht wie früher unter moralischem Vorzeichen geführt, sondern in einem feministischen Zusammenhang, der sich um die Würde der Frau, um Menschenhandel und Ausbeutung dreht. Es geht nun nicht mehr um die Verkommenheit der Nutte, sondern um die Ruchlosigkeit des Freiers.

Die Sklaverei sei nicht abgeschafft, sondern lebe fort in Form von Frauenhandel, heißt es. Ahnungslose Frauen würden unter falschen Versprechungen nach Europa gelockt und hier zur Prostitution gezwungen, mit Drohungen, Erpressung, Gewalt und Drogen, wird fast täglich in einem Artikel oder einer Sendung behauptet. Und hinter der systematischen Ausbeutung stünden mächtige Organisationen von ruchlosen Menschenhändlern; hunderttausende Unschuldiger würden jährlich Opfer dieser modernen Sklavenjäger. Ein Freier folgt demnach nicht nur einem Laster, begeht einen moralischen Fehltritt oder ist »oversexed« – nein, er macht sich mitschuldig an einem gewaltigen, weltumspannenden Verbrechen, an einer Art Genozid an den armen Frauen dieser Welt. Und gehört natürlich hart bestraft.

Let's face it: Die Schauergeschichten, die die Prostituierten in den immer gleichen Reportagen präsentieren, haben viel damit zu tun, dass die meisten immigrierten »Sex worker« illegal oder halblegal hier leben. Für die Fremdenpolizei haben sie sich eine halbwegs plausible Geschichte zusammengezimmert, so wie das auch Asylsuchende tun. Im Falle der Prostitution hat die »Opfer«-Version den Vorteil, auch psychisch entlastend zu wirken: »Ich kann nichts dafür, dass ich diese verachtete Arbeit verrichte, ich wurde dazu gezwungen.« Und warum sollten die Frauen den Vertreterinnen von NGOs oder Journalistinnen eine andere, weniger spektakuläre Geschichte erzählen, wenn diese doch so gut ankommt? Immerhin ist eine Prostituierte auch eine professionelle Schauspielerin.

Sicher ist Prostitution in vielen Fällen ein Scheißjob. Aber sich als Kohlebergwerkarbeiter oder Soldat durchzubringen ist auch kein Zuckerschlecken. Vielleicht ist Prostitution nicht der Sonderfall, als der er hingestellt wird.

Eigentlich ist es ganz einfach. In jeder afrikanischen, südamerikanischen oder asiatischen Großstadt gibt es Tausende von Prostituierten, die mit

Handkuss nach Europa kämen. Warum also unerfahrene Mädchen vom Land in den Westen schmuggeln und sie hier mit viel Aufwand und Risiko einsperren und überwachen, wenn es Professionelle gibt, die den Job freiwillig und besser machen? Die unglaublich hohen Zahlen, die kursieren, sind unter anderem darauf zurückzuführen, dass es bei den in diesem Bereich tätigen NGOs immer häufiger üblich ist, immigrierte Prostituierte per se als Zwangsprostituierte und Opfer von Menschenhandel zu definieren. Viele Aktivistinnen können sich nicht vorstellen, dass eine Ausländerin es vorzieht, auf den Strich zu gehen, anstatt sich für einen Hungerlohn als Putzfrau zu verdingen. Ein wohlgemeinter Zirkelschluss, der allerdings den Betroffenen jede Selbstbestimmung und bewusste Wahl abspricht.

Im Buch *Sex at the margins* zerfetzt die Prostitutionsexpertin Laura Agustín den ganzen Diskurs um den Menschenhandel, um »Trafficking«. Er ist für sie Ausdruck einer »maternalistischen«, infantilisierenden Geringschätzung der Immigrantinnen: So wie die philanthropischen Bürgerfrauen des 19. Jahrhunderts gefallene Mädchen auffangen und auf den Pfad der Tugend zurückführen wollten, so geht es den heutigen Vertreterinnen der »Rettungsindustrie« darum, die ausländischen Prostituierten zu befreien – notfalls auch gegen ihren Willen. Welche dieser Einwanderinnen möchte schon in ihr Heimatland zurückgeschafft werden? Der Menschenhandels-

Diskurs sieht diese Frauen nur als wehrlose Opfer, als Objekte, und nicht als Subjekte, die Pro und Kontra abgewogen haben und zu dem Schluss gekommen sind, dass Prostitution in Europa unter den gegebenen Umständen eine gewinnträchtige Strategie sein könnte. Agustín beharrt darauf, dass auch arme Migrantinnen ihre Zukunft planen, innerhalb ihrer Möglichkeiten rationale, kreative Entscheidungen fällen, dass nicht nur die nackte Not sie nach Europa treibt, sondern auch Abenteuerlust, und dass auch Prostituierte individuell verschiedene Auffassungen über ihren Beruf, ihre Sexualität, Männer und ihre Zukunft haben: »Sie wollen den kleinstädtischen Vorurteilen, Sackgassen-Jobs, gefährlichen Straßen und erdrückenden Familienverhältnissen entfliehen. Und: einige der armen Migrantinnen lieben die Idee, dass man sie andernorts schön, exotisch, begehrenswert oder erregend findet.«

Wie erfrischend – inmitten all der engstirnigen, ethnozentrischen, sexualfeindlichen Zugänge zu diesem Thema!

Der vorherrschende Diskurs rund um die Prostitution passt bestens in die ganze spießige »Bio-Politik«, die immer mehr um sich greift mit ihrer Bevormundung und ihrer Normen-Manie. Aber oft wird der gegenwärtige Wahnsinn erst durch den relativierenden Blick in die Geschichte oder in andere Kulturen sichtbar. »Bis ungefähr zur Zeit der Aufklärung sah man in den Prostituierten etwas Gefährliches, aber nichts

Bemitleidenswertes«, stellt Agustín fest. »Erst im 19. Jahrhundert entstand unter den Frauen des Bürgertums die Idee des Sozialen, die Idee, man müsse den Leuten und vor allem den Frauen aus der Unterschicht helfen, bessere Menschen zu werden, also den bürgerlichen Normen Genüge zu tun: Kernfamilie, Häuslichkeit, Monogamie. Dieses philanthropische Projekt ähnelte in seiner Mischung aus Mitleid, Helfenwollen, Kontrolle und Bevormundung den kolonialen Anstrengungen. Es ging und geht natürlich auch um die Angst vor dem Anderen und eine Stabilisierung des eigenen Wertesystems.« Da musste also, so Agustín, zum Beispiel die Vermischung von Geld und Sex aufs Schärfste geahndet werden, obwohl die im Bürgertum natürlich auch existierte und existiert.

»Das Leiden und der irreparable Schaden, der durch Sex ohne Liebe verursacht wird, ist für diese Feministinnen mit keinem anderen Leiden zu vergleichen«, fährt Agustín fort. »Da treffen sie sich mit religiösen Fundamentalisten. Sie stellen sich vor, dass die ›gefallenen‹ Frauen nie mehr lieben oder Vertrauen zu einem Mann fassen können. Das sind Vorstellungen von weißen, christlichen Mittelstandsfrauen, die dann auf die ganze Welt projiziert werden. Diese Helferinnen sagen: ›Oh, schrecklich, ich kann mir gar nicht vorstellen, wie es ist, mit einem fremden Mann Sex zu haben!‹ Das ist einfach ein Mangel an Vorstellungskraft. Andere können sich das sehr wohl vorstellen.«

Die gefährliche Pornografie

*N*eben Fremdgehern, Frauenmissbrauchern und Freiern gibt es noch eine weitere Laster-Gruppe, die immer mal wieder als besonders niederträchtig und gefährlich an den Pranger gestellt wird: Pornografiekonsumenten. In den 1980er Jahren ritt Alice Schwarzer eine Kampagne unter dem Titel »PorNO«. Als man schon längst dachte, das sei Schnee von gestern, veröffentlichte Ariadne von Schirach 2007 *Tanz um die Lust*, das vor der Pornografisierung unserer Gesellschaft warnt. Und nun erschien in den USA das Buch *Pornland* der feministischen Soziologin Gail Dines, in dem Pornografie abermals für alles Böse verantwortlich gemacht wird, das den Frauen weltweit angetan wird. Der Untertitel des Bestsellers lautet *How Porn Has Hijacked Our Sexuality* – »Wie Porno unsere Sexualität gekidnappt hat« –, und in diesem dramatischen Tonfall ist das Buch auch verfasst. Dines' These lautet: Porno ist ein Milliardenbusiness, das unser Liebesleben zerstört. Wir merken gar nicht, wie sehr wir manipuliert und ausgebeutet werden: Die Männer als Konsumenten und die Frauen, indem sie die Bedürfnisse der pervertierten Männer über sich ergehen lassen müssen. Durch die freie Zugänglichkeit von Hardcore-Filmchen sind bereits Jugendliche Opfer der sexuellen Verrohung. Dines spricht von einer Pornokultur, in der wir leben, und von einem weltumspannenden Sozialexperiment mit menschlichen Versuchskaninchen, die nie um ihre Einwilligung gefragt wurden. Porno entmenschlicht, so Dines: Er führt dazu, dass Männer nur noch anonymen, schnellen, brutalen Sex suchen, ohne Liebe, ohne Intimität, und dass Frauen dazu verdammt sind, ihnen genau das zu liefern. Aber das nütze ihnen nicht einmal etwas, denn in einer Pornokultur seien Frauen austauschbar und würden nach Gebrauch weggeschmissen. »So lange es Pornos gibt, werden Frauen nie als vollwertige menschliche Wesen leben können«, schreibt die Autorin und endet: »In einer gerechten Gesellschaft gibt es keinen Platz für Porno.«

Vielleicht hat Dines noch nie davon gehört, dass jeder frei ist, Porno-DVDs auszuleihen oder nicht, Sexsites anzuklicken oder nicht, Filme auf sein Handy zu laden oder nicht. Auch wenn hinter den Pornostreifen eine gigantische Industrie steht, die von geldgierigen, skrupellosen Geschäftsleuten gemanagt wird, denen es nicht um sexuelle Befreiung, sondern lediglich um Gewinn geht, wie Dines immer wieder beklagt – diese mächtigen Dunkelmänner können niemanden davon abhalten, den Computer auszuschalten. So wie nur wenige Fälle von Porno-darstellerinnen bekannt sind, die zu einem Auftritt gezwungen wurden, so selten dürften Fälle sein, bei denen Zuschauer zum Pornokonsum verdammt wurden.

Es ist zum Commonsense geworden, dass Frauen gelegentlich Vergewaltigungsfantasien hegen, was jedoch nicht heißt, dass sie wirklich vergewaltigt werden wollen. Warum sollte diese Differenz zwischen Vorstellung und Realität nicht auch für Männer und Pornos gelten? Auch wer sich gerne mal einen harten Porno anschaut, muss in Realität kein Frauenschänder sein. Genau davon geht Dines jedoch aus und fällt damit diskursiv ein Vierteljahrhundert zurück, mitten in die PorNO-Debatte von Alice Schwarzer.

Wie steht es denn mit dem von Dines suggerierten Zusammenhang zwischen Pornografie und Gewalt gegen Frauen? Es gibt keine seriöse Studie, die eine solche Korrelation nachweist. Japan, bekannt für seine omnipräsente Sadomaso-, Fesselungs- und Vergewaltigungspornografie, weist eine außerordentlich niedrige Rate von Sexualverbrechen auf. In den meisten Industriestaaten gingen in den 1970er Jahren, als Pornografie legalisiert und leichter zugänglich wurde, die Sexualdelikte zurück.

Als Gegenbewegung zu jenen Feministinnen, die in der Pornografie das Grundübel der Frauenunterdrückung sahen (»Pornografie ist die Theorie, Vergewaltigung die Praxis«, lautete ihr Credo), entstand vor allem in den USA der sogenannte »Sexpositive Feminismus«, der sich eine Befreiung der Sexualität auf die Fahnen schrieb, wozu auch eine kreative Weiterentwicklung der Pornografie gehörte.

Selbst Dines muss nämlich – wenn auch lediglich in einer Fußnote – vermerken, dass 22 Prozent der Kundschaft in Sexfilmshops Frauen sind. Der Anteil der tatsächlichen Konsumentinnen von Sexfilmen dürfte, angesichts der Scheu vieler Frauen, solche »Schmuddelläden« zu betreten, noch um einiges höher sein. Seit rund zehn Jahren sind weibliche Pornos – von Frauen geschrieben, gedreht und produziert – ein florierender Zweig der Branche; der aber natürlich von Dines mit keinem Wort erwähnt wird, weil er ihre klare Gegenüberstellung von bösen Porno-männern und armen Frauenopfern durcheinanderbringt.

Wie erschreckend weit der Begriff »Pornografie« heute schon gefasst wird und wie weit Sexfeindlichkeit und Prüderie selbst in der Kulturwelt verbreitet sind, zeigte der Skandal um die Vergabe des Man Booker Prize an Philip Roth. Als der renommierte amerikanische Autor, der auch seit Jahren als Nobelpreis-Kandidat gilt, die Auszeichnung erhielt, trat die britische Verlegerin Carmen Callil, Mitglied der Jury, aus Protest zurück. Unglaubliche Begründung: Roth schreibe immer über Sex. Oder, in ihrem eigenen – etwas pornografischen – Wortlaut: »Er macht immer weiter und weiter über immer dasselbe Thema in jedem einzelnen Buch. Es ist, als säße er auf deinem Gesicht und du könntest nicht atmen.«

Die (Un-)Moral
von der Geschichte

*W*ie gesagt: Es geht hier nicht um ein Loblied auf Promiskuität, Pädophilie, Prostitution oder Pornografie. Aber am öffentlichen Umgang mit diesen Themen wird besonders deutlich, wie hypermoralisch und auch prüde unsere vordergründig so liberale Gesellschaft geworden ist und wie wir immer strenger unter dem Joch der Disziplinierung angeschirrt werden. Was dabei vergessen geht: Intensives Leben, Rausch und Überschreitung bedeuten immer auch Risiko, Fehlverhalten, Lapsus, Peinlichkeit. Auch die gehören jedoch elementar zur Kultur. Beruht nicht die ganze Evolution auf genetischen Abweichungen, auf fruchtbaren »Fehlern«?

»Wenn du auf Nummer sicher gehst, wirst du nie weiterkommen«, sagte Miles Davis. Anhand der Musik lässt sich schön zeigen, wie Kreativität auch immer mit Versuch und Irrtum, mit »Missgriffen« zu tun hat. Der Pianist Herbie Hancock erinnert sich an die Zeit, als er in Miles' Gruppe spielte: »Er wollte nicht, dass wir üben. Er wollte die Frische der Erfindung erhalten. Er sagte nie, was wir spielen sollten.«

Davis weigerte sich meist, den Musikern Anweisungen zu geben; er zwang sie vielmehr durch Schweigen, wie ein Zen-Lehrer, ihren eigenen Weg zu finden. Oder er sagte ihnen: *Spiele nicht, was da ist. Spiele, was nicht da ist.* Er brachte sie gerne in unerwartete Situationen und pflegte so den Fehler als kreatives Potenzial. Als er einmal vor einem Club-Auftritt die Frau seines Schlagzeugers an der Bar entdeckte, weigerte er sich, auf die Bühne zu gehen, bevor sie nicht den Raum verlassen hatte. Er kannte seinen Schlagzeuger, Jack DeJohnette, wusste um dessen Eitelkeit, nur für die Galerie zu spielen, um seine Frau und ihre Freundinnen zu beeindrucken. Er wollte seinen Schlagzeuger konzentriert und wütend haben, bei der Sache, nicht gefällig.

Vom Status quo aus gesehen erscheinen Norm-Abweichungen immer als Fehler. Es geht aber darum – nicht nur als Künstler, sondern auch als kreativer Lebenskünstler, der die Welt als Abenteuer begreift –, sich die Fruchtbarkeit von »Fehlern« zunutze zu machen.

»Mit deinen Fehlern – keine Hast«, schrieb der belgische Schriftsteller Henri Michaux. »Mach dich nicht leichtsinnigerweise daran, sie zu korrigieren. Was würdest du an ihre Stelle setzen?«

Und Bob Dylan, der ewige Jokerman und Trickster, bemerkte einmal: »Alle meine Werke beruhen auf Fehlern.« Wie die Werke der Evolution, also alles, möchte man hinzufügen.

Oft beginnt man mit Kopien der Meister und weicht dann nolens volens ab. Diese Untreue (eine Art Inzestmeidung) ist die Chance.

Ist Kreativität ohne Fauxpas, ohne Aggression, ohne einen Schuss A-Moral möglich? Ist Kreation nicht immer ein höchst ambivalentes Unternehmen von Aneignung, Einverleibung, Anziehung, Abstoßung, Verdauen, Ausstoßung? Nicht in Ehrfurcht erstarren. Die Dinge anfassen, auseinandernehmen, »schauen, was drin ist«, wie neugierige, schöpferische Kinder. Sich bewegen, balancieren, um im Gleichgewicht zu bleiben. Ein bisschen schwanken, um nicht ganz zu fallen. Durch »Außer-sich-sein« zum Eigenen gelangen. Deplatziert sein, um seinen Platz zu finden. Sich von Fehler zu Fehler näherkommen. Sich selber, aber auch: einander. Denn: Warum kommunizieren, wenn keine Differenz da wäre? Entstehen die tiefsten und spannendsten Beziehungen nicht aus der Tatsache, dass der andere etwas ist oder hat, was mir fehlt, was geheimnisvoll für mich ist, wonach ich mich sehne? Sind es nicht diese Irritationen und »Störungen«, die den Dialog weitertreiben? Was gäbe es mit meinem Klon auszutauschen?

Und was wäre ein Kunstwerk, wenn nicht eine Exkursion an die Ränder des Verständlichen, des Möglichen, des Zumutbaren? Sonst ist es nur Kitsch.

»Try again. Fail again. Fail better«, sagt Beckett. »Versuch's erneut. Scheitere erneut. Scheitere besser.«

Irrfahrten. Das ist alles, was wir tun können. Denn: »For us there is only the trying. The rest is not our business.« (T.S. Elliot)

Oder Michaux: »Zu einem neuen Wissen braucht es ein neues Hindernis. Sorge in regelmäßigen Abständen dafür, dir selbst Hindernisse in den Weg zu legen; Hindernisse, für die du eine Form der Abwehr finden musst … und eine neue Intelligenz.«

Der springende Punkt ist, dass Perfektionismus tötet. Ein Werk (und auch ein Mensch!) muss noch etwas vom Chaos und der Dunkelheit in sich tragen, aus dem es entstanden ist und von dem es sich nährt. Sonst läuft es Gefahr, akademisch, klinisch, steril zu werden. Es fehlen Geheimnis und Erreger.

Große Künstler wie Miles Davis, Keith Jarrett, Bob Dylan oder Pablo Picasso zeichneten sich nicht zuletzt durch ihre Fähigkeit aus, immer dann, wenn sie etwas beherrschten, zu neuen Ufern aufzubrechen. Sich immer wieder von etwas beherrschen zu lassen. Dadurch bewahren (gerade, weil sie nicht zu bewahren versuchen) ihre Werke etwas Rohes und Fragiles. Blumen, die auf den Ruinen ihrer früheren Meisterschaft wachsen. Ruinen, nicht weil sie durch Alter zerbröckelt wären, sondern mutwillig, von ihnen selber, zerstört.

Nehmen wir Picasso. Paradoxerweise wirken seine Bilder im Laufe der Jahre immer ungestümer, improvisierter, bis zum »Art brut«-Alterswerk. Damit diese unmittelbare Frische möglich wird, muss der

Wille zur Ausarbeitung, zur »Hochzucht« gebrochen werden. Es braucht eine Dosis Schmutz, Dissonanz, Fauxpas, Mesalliance.

»Die Bilder erzeugt man immer wie die Fürsten ihre Kinder: mit Schäferinnen«, schreibt Picasso 1932 in einem Brief.

Fremdgehen. Sonst droht Inzucht. Die führt manchmal zu schönen Resultaten, göttergleichen Pharaonen beispielsweise, aber häufiger droht sie ins allzu Delikate, will heißen allzu Anfällige abzudriften.

Besser ist es zu impfen. Ein bisschen Chaos injizieren, um das Totalchaos zu verhindern. Oder ein bisschen faulen zu lassen. Man lagert den Traubensaft am besten, indem man ihn zu Wein vergärt, und die Milch, indem man sie zu Joghurt und Käse verarbeitet.

Besser als ausschließen ist: ein bisschen zulassen. Systeme immunisieren sich, indem sie komplexer werden. »Sie haben sich gefestigt, indem sie toleranter wurden. Sie sind an den Revolutionär, den Irren, den Abweichler, den Dissidenten akklimatisiert. Ein Organismus kann sehr gut mit seinen Mikroben leben, er lebt besser, ja er gesundet an ihnen«, schreibt der Philosoph Michel Serres. »Es läuft immer nur, weil es nicht läuft.« »Antifragilität« nennt das Nassim Nicholas Taleb. Die Frage ist: Wie kann man so agil und einfallsreich leben, dass man an all den Ungewissheiten der heutigen Welt nicht zerbricht, sondern sie in Produktivität verwandelt und genießt? Wie sähe ein Savoir-vivre aus, das sich nicht durch Kontrollwut, Verbote und Autismus abschottet gegen die Risiken unserer Gegenwart, sondern sie sich zunutze macht?

Literatur entsteht aus der Spannung, der Roman ist nichts anderes als die hinausgezögerte Entspannung. Der musikalische Spannungsbogen entsteht aus der noch nicht aufgelösten Disharmonie. Liebe ist hinausgezögerte Befriedigung. Mathematik dreht sich um die noch nicht dingfest gemachte Unbekannte. Aufschub, Abdrift, Differenz. Alles, was im Leben mit Intensität und Genuss zu tun hat, alles was im weitesten Sinne »interessant« für uns ist, lebt von der Abweichung. Von jener »unanständigen« Abweichung, die die selbsternannten Zivilisationsretter ausrotten wollen, ohne zu merken, dass sie damit die Zivilisation selbst gefährden. Denn wer unser Dasein nur noch unter dem Aspekt der Risikominimierung betrachtet, reduziert es auf Überleben. Wer alles ausrotten will, was nicht gesund, hygienisch, sauber, eindeutig und moralisch einwandfrei ist, bläst letztlich zu einem Angriff auf das Leben selbst, das unberechenbare, abenteuerliche, verrückte Leben!

Also, kurz gesagt: All diese lustigen Sachen, die uns nun mit Präventionskampagnen und Verboten madig gemacht werden: Sex (mitsamt Seitensprüngen, Prostitution, Porno, allen Arten von Übertretungen und »unsafen« Grenzgängen, die nun mal dazugehören), Alkohol (wozu auch der Rausch gehört), fettes Schweinefleisch, süße Desserts, Tabak, Drogen, Velo- und Skifahren ohne Helm (mit dem angenehmen Wind im Haar), rasende Autofahrten, lustige Trickfilme, indiskrete Handy-Konversationen in Anwesenheit von unbekannten Dritten, illegale Partys auf einem leerstehenden Grundstück, Feuerchen machen im nächtlichen Wald, Baustellenbesichtigungen ohne Spezialbewilligung, spontane Avancen in der Disco oder in der Tram … – das ist es, was unserm Leben Würze und Intensität verleiht, oder? Wir sind keine Kinder, die man vor sich selber schützen muss. *No risk, no fun.* Wer nur noch selbstbeherrscht, anständig, vernünftig, kontrolliert, sicher und rücksichtsvoll lebt, stirbt möglicherweise alt, aber mit dem Gefühl, er hätte eigentlich gar nicht gelebt.

Der vorliegende Text beruht auf Artikeln des Autors, die in den letzten Jahren in der *NZZ am Sonntag*, in der *Weltwoche* und im Magazin des *Tages-Anzeigers* erschienen sind, insbesondere auf dem Essay »Früher war's lustiger«, publiziert in der *NZZ am Sonntag* am 3. April 2011, und »So trocken waren wir noch nie«, ebenfalls in der *NZZ am Sonntag* erschienen am 21. Oktober 2012.

DAVID SIGNER, geboren 1964 in St. Gallen, ist Ethnologe, Journalist und Schriftsteller. Nach mehrjährigen Feldforschungen in Westafrika und Lehrtätigkeiten an der Universität Zürich ist er heute Redakteur bei der *NZZ* und Autor (zuletzt: *Die nackten Inseln*, Roman, 2010).

Quellen

Laura Agustín: *Sex at the Margins. Migration, Labour Markets and the Rescue Industry*. London und New York: Zed Books, 2007.

Samuel Beckett: *Aufs Schlimmste zu*. Suhrkamp Verlag, 1990.

Pierre Daix: *Picasso. Der Mensch und sein Werk*. Paris: Galerie Somogy, o.J.

Gail Dines: *Pornland – How Porn Has Hijacked Our Sexuality*. Boston: Beacon Press, 2010.

Pamela Druckerman: *Fremdgehen. Die Regeln des Seitensprungs in aller Welt*. München: Herbig, 2008.

Bob Dylan: *3 Interviews*. Hamburg: Ku Verlag, 1978.

Asli Erdogan: *Die Stadt mit der roten Pelerine*. Zürich: Unionsverlag, 2008.

Françoise Gilot / Carlton Lake: *Leben mit Picasso*. Frankfurt am Main: Fischer, 1967.

Erving Goffman: *Wir alle spielen Theater. Die Selbstdarstellung im Alltag*. Piper, 2003.

Julia Kristeva: *Fremde sind wir uns selbst*. Frankfurt am Main: Edition Suhrkamp, 1990.

Henri Michaux: *Eckpfosten*. München, Wien: Carl Hanser Verlag, 1982.

Robert Pfaller: *Wofür es sich zu leben lohnt. Elemente materialistischer Philosophie*. Frankfurt am Main: S. Fischer Verlag, 2011.

Pablo Picasso: *Wort und Bekenntnis. Die gesamten Zeugnisse und Dichtungen*. Zürich, 1954.

Peter Richter: *Über das Trinken*. München: Goldmann Verlag, 2011.

Victor Segalen: *Die Ästhetik des Diversen – Versuch über den Exotismus*. Frankfurt am Main: Fischer, 1994.

Victor Segalen: *Aufbruch in das Land der Wirklichkeit*. Frankfurt am Main: Fischer, 1993.

Michel Serres: *Der Parasit*. Frankfurt am Main: Suhrkamp, 1987.

Peter Niklas Wilson: *Miles Davis – Sein Leben, seine Musik, seine Schallplatten*. Waaskirchen: Oreos Verlag, 2001.

Hardcover PLUS

Buch und E-Book sind jetzt Freunde!

Der Kauf dieses Buches berechtigt Sie zum einmaligen
Download des Textes als E-Book.
Damit Sie lesen können, wie und wo Sie wollen.

Dies ist Ihr Code für den Download des E-Books:

DSMGNXVYEHT

Gehen Sie auf www.hardcover-plus.de
und geben Sie den Code dort ein.

Bitte beachten Sie, dass die Weitergabe des E-Books
an Dritte nicht gestattet ist.